中公文庫

# 臨　済　録

柳田聖山訳



中央公論新社

目次

# 凡例

一　本訳書は、中公バックス版〈世界の名著〉18（一九八〇）『禅語録』所収の「臨済録」をもとにしているが、底本を変更するとともに、新たに原文を収め、訳文・注釈にも全面的な改訂が加えられている。

二　底本としては、南京図書館蔵『四家録』（元版）所収のものを採用した。流布本を採らず、『四家録』に拠る理由は解説「『臨済録』と『歎異抄』」を参照されたい。

三　底本の段落にしたがって、全文を六十二段に分け、ゴシック体の通し番号を付し、各段落ごとに小活字にて要旨を添え、読み下し・原文・口語訳・注釈の順に排列した。

四　原文は新字体を用い、句点を加えた。また、版本特有の異体字の一部を通行の字体に改め、底本の明らかな誤字は他本によって訂した。

五　口語訳には通読の便宜のために小見出し（ゴシック体）を付した。

六　訳文中＊を付した語句の注釈は段落末にまとめ、見出し語を〈　〉で示した。

# 臨済録

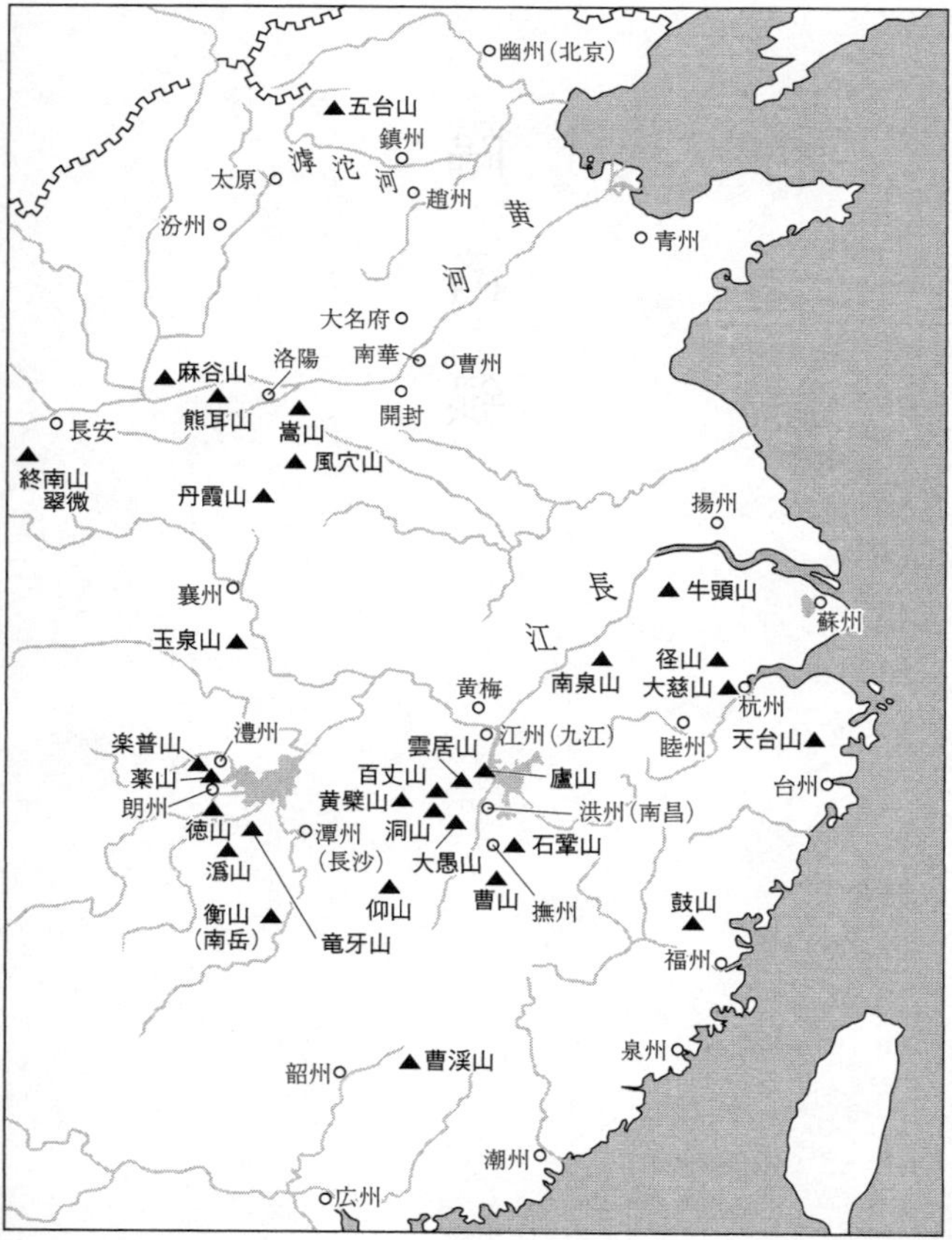
幽州(北京)
五台山
鎮州
滹沱河
太原
趙州
汾州
黄河
青州
大名府
南華
曹州
洛陽
麻谷山
熊耳山
嵩山
開封
長安
終南山
翠微
風穴山
丹霞山
揚州
長江
牛頭山
蘇州
襄州
玉泉山
南泉山
径山
大慈山
杭州
黄梅
江州(九江)
睦州
天台山
澧州
楽普山
雲居山
薬山
百丈山
廬山
台州
朗州
黄檗山
洪州(南昌)
徳山
洞山
潭州
(長沙)
石鞏山
大愚山
潙山
曹山
撫州
仰山
鼓山
衡山
(南岳)
竜牙山
福州
曹渓山
泉州
韶州
潮州
広州

関係略地図

臨済大悟の話として知られる一段。のちに、『碧巌録』十一則にも引かれるが、『祖堂集』十九に収めるものに比べると、かなり整理のあとが見え、このテキストはその中間に位することがわかる。今は、これによって歴史的に一歩臨済その人の肉声に近づき得るものとする。

一　師、諱《いみな》は義玄《ぎげん》、曹州南華《そうしゅうなんか》の人なり。俗姓は邢《けい》。幼にして穎異《えいい》、落髪受具するに及んで、禅宗を志慕《しぼ》す。

師、黄檗《おうばく》に在ること三年、行業純一《ぎょうごう》なり。首座《しゅそ》乃《すなわ》ち歎じて曰《いわ》く、是《こ》れ後生《こうせい》なりと雖《いえど》も、衆と異なること有り。遂に問う、上座、此《ここ》に在ること多少《いくばく》の時ぞ。師云《いわ》く、三年なり。首座云《いわ》く、曾《かつ》て参問せしや。師云く、曾て参問せず。知らず、箇《こ》の什麼《なに》をか問わん。首座云く、汝《なんじ》何ぞ去って堂頭《どうちょう》和尚に問わざる、如何《いか》なるか是れ仏法的的《てきてき》の大意と。師便《すなわ》ち去って問う。声未だ絶せざるに、黄檗便ち打つ。師下り来《きた》る。首座云く、問話作麼生《もんなそもさん》。師云く、某甲《それがし》問声未だ絶せざるに、和尚便ち打つ。某甲不会《ふえ》。首座云く、但《た》だ更に去って問え。師又た去って問う。黄檗又た打つ。是の如《かく》くにして三度問を発するに、三度打《た》せらる。師来って首座に白《もう》して云く、幸いに慈悲を蒙《こうむ》って、某甲をして和尚に問訊《もんじん》せしむるも、三度問を発して三度打せらる。自から恨む障縁《しょうえん》、深旨を領せざるを。今且《しば》らく辞し去らん。首座云く、汝若《も》し去らん時、須《すべか》らく和尚に辞し去るべし。師、礼拝して退く。

首座、先に和尚の処に到って云く、問話底《もんなてい》の後生、甚《はなは》だ如法《にょほう》なり。若し来って辞せん時、方便もて他《かれ》を接せよ。向後穿鑿《こうごせんさく》せば、一株の大樹と成って、天下人の与《た》めに、陰《おん》涼《りょう》と作《な》り去ること在らん。師去って辞す。黄檗云く、別処に往き去るを得ず。汝、高安灘頭《だんとう》に、大愚《だいぐ》の処《ところ》に向かって去れ、必ず汝が為めに説かん。師、大愚に到る。大愚問う、什麼《いずれ》の処よりか来れる。師云く、黄檗の処より来る。大愚云く、黄檗は何の言句《ごんく》か有りし。師云く、某甲三度、仏法的的の大意を問うて、三度打せらる。知らず、某甲有《う》過《か》か無過《むか》か。大愚云く、黄檗與麼《よも》に老婆なり、汝が為めにし得て徹困《てっこん》なり。更に者裏《しゃり》に来りて、有過か無過かと問う。師、言下《ごんか》に大悟して云く、元来黄檗のみ。仏法は多子《たす》無し。大愚搊住《すうじゅう》して云く、者《こ》の尿牀《にょうしょう》の鬼子《きす》、適来《せきらい》は有過か無過かと道《い》う、如今《いま》は却って道う黄檗のみ、仏法は多子無しと。你《なんじ》箇の什麼《なん》の道理をか見たる。速やかに道え、速やかに道え。師、大愚の脅下《きょうか》を築《つ》くこと三拳す。大愚は托開《たっかい》して云く、汝が師は黄檗なり、我が事に干《かか》わるに非《あら》ず。

師、大愚を辞して黄檗に却回《きゃうい》す。黄檗、来るを見て便ち問う、者《こ》の漢《かん》、来来去去《らいらいここ》して、什麼《なん》の了期《りょうご》か有る。師云く、秖《た》だ老婆心切《せつ》なるが為めなり、便ち人事《じんじ》し了《おわ》って侍立《じりゅう》す。黄檗問う、什麼の処にか去り来る。師云く、昨《きのう》は、慈旨を奉じて、大愚に参じ去り来らしむ。黄檗云く、大愚は何の言句か有りし。師前話《ぜんな》を挙《こ》す。黄檗云く、作麼生か者《こ》の漢を得来って、待《まさ》に痛く一頓《いっとん》を与えん。師云く、什麼《なん》の待《まさ》にとか説き来らん、即今便ち喫せよ。随後《ずいご》に便ち掌《しょう》す。黄檗云く、者《こ》の風顛漢《ふうてんかん》、者裏《しゃり》に却来《きゃらい》して虎鬚《こしゅ》を捋《ひ》く。師便ち喝す。黄檗云く、侍者、者の風顛漢を引いて参堂せしめ去れ。

後に潙山《いさん》、此の話を挙して仰山《きょうざん》に問う、臨済当時《そのかみ》、大愚の力を得たるか、黄檗の力を得たるか。仰山云く、但だ虎頭《ことう》に騎《の》るのみに非ず、亦た解《よ》く虎尾《こび》を把《と》る。

師諱義玄。曹州南華人也。俗姓邢。幼而穎異。及落髪受具。志慕禅宗。

師在黄檗三年。行業純一。首座乃歎曰。雖是後生。与衆有異。遂問。上座在此多少時。師云。三年。首座云。曾参問也無。師云。不曾参問。不知問箇什麼。首座云。汝何不去問堂頭和尚。如何是仏法的的大意。師便去問。声未絶。黄檗便打。師下来。首座云。問話作麼生。師云。某甲問声未絶。和尚便打。某甲不会。首座云。但更去問。師又去問。黄檗又打。如是三度発問。三度被打。師来白首座云。幸蒙慈悲。令某甲問訊和尚。三度発問。三度被打。自恨障縁。不領深旨。今且辞去。首座云。汝若去時。須辞和尚去。師礼拝退。首座先到和尚処云。問話底後生。甚是如法。若来辞時。方便接他。向後穿鑿。成一株大樹。与天下人。作陰涼去在。師去辞。黄檗云。不得往別処去。汝向高安灘頭。大愚処去。必為汝説。師到大愚。大愚問。什麼処来。師云。黄檗処来。大愚云。黄檗有何言句。師云。某甲三度問仏法的的大意。三度被打。不知某甲有過無過。大愚云。黄檗與麼老婆。為汝得徹困。更来者裏。問有過無過。師於言下大悟云。元来黄檗。仏法無多子。大愚搊住云。者尿牀鬼子。適来道有過無過。如今却道黄檗。仏法無多子。你見箇什麼道理。速道速道。師於大愚脅下築三拳。大愚托開云。汝師黄檗。非干我事。師辞大愚。却回黄檗。黄檗見来便問。者漢来来去去。有什麽了期。師云。秖為老婆心切。便人事了侍立。黄檗問。什麽処去来。
師云。昨奉慈旨。令参大愚去来。黄檗云。大愚有何言句。師挙前話。黄檗云。作麽生得者漢来。
待痛与一頓。師云。説什麽待来。即今便喫。随後便掌。黄檗云。者風顚漢。却来者裏。捋虎鬚。
師便喝。黄檗云。侍者。引者風顚漢参堂去。
後潙山挙此話。問仰山。臨済当時。得大愚力。得黄檗力。仰山云。非但騎虎頭。亦解把虎尾。

## 仏法の相手

師匠は、本名を義玄と申す。在所は古《いにしえ》の曹《そう》州[*1]、南華[*2]の出身で、家の姓は邢《けい》氏[*3]である。幼少よりずばぬけて、あたまがよかった。髪をおろして出家の戒律をおさめると、禅の道をもとめた。

黄檗[*4]の膝下にあること三年の、修行の仕方が、一本気であった。

先達の僧[*5]が感心した、「若僧だが、他の大勢とちがう」

そこでたずねた、「貴様はここに来て、どれくらいになる」

「三年です」

先達の僧、「親爺さまにきいたことがあるか」

「およそきくことはない、いったい、何をきくのか」

先達の僧、「貴様、どうしてきかん、『長老さま、誰が仏法の確[*6]かな相手か』と」

師匠はすぐにききに行くが、質問がまだ了《おわ》らぬうちに、黄檗はなぐりかかった。師匠は、引きかえす。

先達の僧、「質問はどうだった」

師匠、「わしがまだききききらぬうちに、親爺がなぐりかかった。わしにはさっぱりわからん」

先達の僧、「それでは、もういちど質問に行け」

師匠はふたたびききに行く。黄檗はまたなぐりかかった。こうして、師匠は三べん質問し、黄檗は三べんなぐりかかる。

師匠は先達の僧に申し出た、「さいわい、お情をたまわりまして、わしごときを本師に参禅させていただきましたが、三べん質問して、三べん棒をくらいました。残念ながら、生まれ合わせが悪くて、深いお心くばりがつかめません。まずは、おいとまいたします」

先達の僧、「貴様、出かけるときは、きっと親爺にいとまごいをするのだぞ」

師匠はおじぎをして、引きさがる。

**すずしい樹蔭**

先達の僧は、すぐに親爺のところにまかり出た、「質問申しあげた若僧は、ずいぶん堅《かた》物《ぶつ》です。*7 いとまごいに参りましたら、心してやつに会ってください。今に鍛えあげて、一本の偉大な樹となって、世の人々のために、すずしい樹蔭《こかげ》[*8]をつくるに違いありません」

師匠は、いとまごいに行く。

黄檗、「ほかには行くな。そなたは高安の淵《ふち》のほとり、[*9]大愚[*10]のもとに行くがよい。きっとそなたをものにしてくれよう」

師匠は、大愚にやって来た。

大愚、「どこから来たか」

「黄檗から参りました」

大愚、「黄檗は、どういうことを教えたのか」

「わしは三べん『仏法の相手』をたずねて、三べん棒をくらいました。いったい、わしは間違っていたのでしょうか」

大愚、「黄檗はそれほど老婆親切[*11]で、君につくしてへとへとになった。[*12]それを君はここに来て、間違っていたかどうかという」

師匠は、その一言で悟った、「なんだ、[*13]黄檗ともあろうに、仏法には何のわけもなかった」[*14]

大愚はひきすえた、[*15]「この寝小便小僧め、今しがたは間違ったかどうかときいて、こんどは逆に、『黄檗ともあろうに、仏法はわけもない』とぬかす。おまえはいったい、何がわかったのだ。さあいえ、さあいえ」

師匠は大愚のわきばらを、げんこつで三べんこづきあげる。

大愚はつきはなした、「そなたの先生は黄檗じゃわ、わしの知ったことじゃない」

## 虎のひげ

師匠は大愚にいとまをつげて、黄檗にかえってきた。

黄檗が見つけて、たずねた、「こやつ、ふらふらうろつきまわって、いつになってけりがつくのか」

師匠、「ひとえに老婆親切[16]のおかげです」

こういって、土産ものを出して、和尚のそばにひかえた。

黄檗、「どこに行ってきたのか」

「先日はありがたいお言葉を頂戴して、大愚に参じてきました」

黄檗、「大愚は、どういうことを教えたか」

師匠は先のいきさつを吐いた[17]。

黄檗、「何とかしてあやつをつるしあげて、ひとつおもいきり[18]、なぐりつけてやりたい」

師匠、「何がひとつなどおっしゃる。たったいま、すぐにくらうがヨカ」

いいもきらず、平手で（黄檗の頰を）はりつけた。

黄檗、「このフーテンめ、ここにかえってきて、虎のひげをひっぱりよる」[19]

師匠はたちまち、大声でがなった。

黄檗、「侍者よ、このフーテンをひったてて、禅堂につれてゆけ」

後年、潙山[20]が以上の話をとりあげて、仰山[21]に質した、「臨済はそのとき、大愚のおかげを蒙ったのだろうか、[22]それとも、黄檗のおかげを蒙ったのか」

仰山、「虎の首を、尻にしいただけではございません、虎の尻尾を、手だまにとりました」

＊1〈曹州〉治所は現在の山東省曹県西北。

＊2〈南華〉山東省単《ぜん》県離狐城の付近。『荘子』の書に、ちなむ地名。

＊3〈邢氏〉古、周公の第四子が邢（河北省邢台市）に分封するが、後に衛に亡ぼされて、子孫は滁《じょ》州（安徽省滁州市）に移り、通じて耿《こう》氏を名のる。

＊4〈黄檗〉黄檗希運を指す。年寿は明らかでないが、大中年間（八四七～八五九）の入寂。伝記は『祖堂集』十六、『宋高僧伝』二十、『伝灯録』九にあり。『伝心法要』『宛陵録』その他の語録がある。以下の話は、希運が節度使裴休《はいきゅう》の帰依で、洪《こう》州高安（江西省高安市）に一大禅院を開創し、天下の英才を集めていた、会昌初年のことである。

＊5〈先達の僧〉修行僧の世話をする、古参の僧。後代、睦州道従とする。

＊6〈誰が仏法の…〉禅問答の基本。仏教諸宗で、出世の目的（出世本懐）を問うのに対し、今は、それが自己と、どうかかわるかが切点となる。

＊7〈堅物です〉『維摩経』の句。道理に合ってます。

＊8〈すずしい樹蔭〉『涅槃経』聖行品に「仏樹蔭涼の下に住すれば、煩悩の諸毒ことごとく消滅するを

得」とある。

＊9〈高安の淵のほとり〉高安は前注にみえる。江西省北部を流れる錦江の北岸あたり。

＊10〈大愚〉馬祖―帰宗―大愚と、順次に師弟関係にある。詳伝は不明。

＊11〈老婆親切〉老婆が孫を可愛がるような、猫可愛がり。甘やかすこと。

＊12〈へとへとになった〉精魂を使いはたす、骨を折る、へばる意。

＊13〈なんだ…〉「将謂…元来…」の略された形。〔二五〕の「てっきり貴下は…」の注（74ページ）をみよ。

＊14〈わけもなかった〉夾雑物がない、簡単、単純なことで、価値的な意はない。

＊15〈ひきすえた〉「搊住」は琴を膝の下に、引きよせるすがた。

＊16〈土産もの〉原文の「人事」は俗語。あいさつに、贈物を呈する意。

＊17〈師匠は先のいきさつを吐いた〉底本は要約して「師挙前話」とするが、臨済自身の答えとして、大愚のところで完全な悟りに達した経緯を、くりかえし告げるテキストがある。

＊18〈ひとつおもいきり〉待は、強い願いを示す。さあひとつ、いでや。動詞「待つ」とは別。

＊19〈虎のひげを…〉成句である。『続高僧伝』二十の総論にいう、「恵越の虎鬚《こしゅ》を捋《ひ》き、道舜《どうしゅん》の牛影を観るが如きに至っては、節操は鉄石の如く、志概は雲霄《うんしょう》に等し」。元来は、『三国志』朱桓伝の注に、朱桓が孫権の鬚《ひげ》をなでたとあるのによる。

＊20〈潙山〉黄檗と同門の霊祐（七七一〜八五三）。百丈の法をついで、湖南の潭《たん》州潙山に住した。潙仰《いぎょう》宗の祖。

百丈┬潙山――仰山
　　└黄檗――臨済

＊21〈仰山〉潙山の弟子、恵寂（八〇七〜八八三）。江西の袁《えん》州仰山にあって、ものしりで、シャカの再来

とみられた。潙山は仰山のものしりを直すため、あえて質問する。
＊22〈おかげを蒙った…〉俗語で、世話になる、助けられる意。
臨済栽松の話として知られる一段。『碧巌録』三十八則にも引かれる。臨済―興化―南院―風穴《ふけつ》とつづく四代の弟子の活動を予言するものと考えられていたようで、すでに『伝灯録』十三の風穴の伝は、かれがこの予言に応じて出生したことを特筆する。後代、臨済禅の発展とともに、「源深うして流れ長し」という評語が生まれるのは、この一段による。

二　師、松を栽《う》うる次《つい》で、黄檗問う、深山裏《しんざんり》、許多《そこばく》を栽えて、什麼《なに》と作《な》す。師云く、一つには山門の与《た》めに境致と作し、二つには後人の与めに標牓《ひょうぼう》と作す。道《い》い了《おわ》って、钁頭《くわ》を将《も》って地を打《た》すること三下《げ》す。黄檗云く、是《かく》の如しと雖然《いえど》も、子《なんじ》已《すで》に吾《わ》が三十棒を喫し了《おわ》れり。師又た钁頭を以て地を打すること三下、嘘嘘《きょきょ》の声を作《な》す。黄檗云く、吾が宗、汝に到って大いに世に興らん。

後に潙山、此《こ》の語を挙して、仰山に問う、黄檗当時《そのかみ》、秖《た》だ臨済一人を嘱《しょく》するか、更に人の在る有るか。仰山云く、有り。秖だ是《こ》れ年代深遠《じんおん》なり、和尚に挙似《こじ》するを欲せず。潙山云く、是の如しと雖然も、吾れ亦《ま》た知らんと要す。汝挙して看《み》よ。仰山云く、一人南を指ざして、呉越に令行わる、大風に遇《お》うて即ち止《や》む。風穴和尚を讖《しん》するなり。


師栽松次。黄檗問。深山裏。栽許多。作什麼。師云。一与山門作境致。二与後人作標牓。道了将钁頭打地三下。黄檗云。雖然如是。子已喫吾三十棒了也。師又以钁頭打地三下。作嘘嘘声。黄檗云。吾宗到汝。大興於世。

後潙山挙此語。問仰山。黄檗当時。秖嘱臨済一人。更有人在。仰山云。有。秖是年代深遠。不欲挙似和尚。潙山云。雖然如是。吾亦要知。汝挙看。仰山云。一人指南。呉越令行。遇大風即止。

讖風穴和尚也。

## 山奥に松を植える

師匠が、小松を植えていられたとき、
黄檗がたずねた、「山奥にそんなもの沢山うえて、何とする」

師匠、「一つには山寺の風情となり、二つには後に来る人々の、道しるべとなります」

そういって、師匠は鍬で地面を三度ほりおこす。[*1]

黄檗、「それはそうだが、そなたはもう、おれの三十棒をくらっているぞ」

師匠は、さらに鍬で地面を三度ほっていう、「よいしょ、よいしょ」

黄檗、「わしの宗旨は、[*2]貴様の時代に、広く世界に盛りあがろう」

後年、潙山が、以上の話をとりあげて、[*3]仰山に質した、「黄檗はそのとき、臨済だけをたのみにしたのか、それともほかに人がおるというのか」

仰山、「おりまする。しかし、非常に遠い先のことです。あえて師匠に申しあげますまい」

潙山、「それもそうだが、わしはやっぱりそいつが知りたい。貴公、いってみろ」

仰山、「天子が南の方を指し示しますると、呉越地方[*4]に政令がひろまりますが、大風[*5]にゆきあたってやみまする」風穴和尚を予言したもの。

＊1〈地面を三度ほりおこす〉原文は、俗語。
＊2〈わしの宗旨は…〉宋の円悟いわく、「大いに子を憐れんで醜を覚えざるに似たり」
＊3〈潙山が、以上の話をとりあげて〉『伝灯録』は「以上の話」を「黄檗の後語」とし、流布本は「此語」として、いずれも「わしの宗旨…」のみを指すとする。前後の関係は、このほうがよい。
＊4〈呉越地方〉風穴延沼（八九六～九七三）の出生地。
＊5〈大風〉延沼が河南汝《じょ》州の風穴山に入って、ここにとどまることを寓《ぐう》するもの。

大悟ののち、黄檗の下に侍していた頃のことである。ウツボツたる青年の客気なおおさまらぬ臨済だ。「困」とは、先にいう「徹困」のこと。老人のいつもの語気である。

三　師普請《ふしん》して、地を鋤《す》く次で、黄檗の来るを見て、钁《くわ》を拄《ささ》えて立つ。黄檗（云く）、者《こ》の漢困《かんこん》するや。師云く、钁も也《ま》た未《いま》だ挙《こ》せず、箇《こ》の什麼《なに》をか困せん。黄檗便《すなわ》ち打つ。師、棒を接住して、一送に送倒す。黄檗、維那《いのう》を喚《よ》ぶ、維那よ我れを扶《たす》け起こせ。維那近前《きんぜん》して扶けて云く、和尚、争《いかで》か者の風顚漢《ふうてんかん》の無礼なるを容《ゆる》し得ん。黄檗纔《わず》かに起《た》つや、便ち維那を打つ。師、地を钁《ほ》って云く、諸方は火葬、我が者裏《しゃり》は一時に活埋《かつまい》せん。

後に潙山、仰山に問う、黄檗、維那を打つ、意作麼生《そもさん》。仰山云く、正賊走却《しょうぞくそうきゃく》して、羅蹤《らしょう》の人《ひと》棒を喫す。

師普請鋤地次。見黄檗来。拄钁而立。黄檗。者漢困那。師云。钁也未挙。困箇什麼。黄檗便打。師接住棒。一送送倒。黄檗喚維那。維那扶起我。維那近前扶云。和尚争容得者風顚漢無礼。黄檗纔起。便打維那。師钁地云。諸方火葬。我者裏一時活埋。

後潙山問仰山。黄檗打維那。意作麼生。仰山云。正賊走却。羅蹤人喫棒。

**生き埋め**

師匠が、皆と荒地を開いて[1]おられたとき、黄檗が来るのをみると、鍬《くわ》によりかかって（耕すのを）やめた。

黄檗、「こやつ、[2]へたったな」

師匠、「鍬もまだもちあげんのに、何でへたるものですかい」

黄檗は、すぐになぐりつけた。師匠は棒をうけとめて、ひとおしにおしたおす。

黄檗は庶務がかりの僧をよんだ、[*3]「庶務よ、おれをおこしてくれ」

庶務はすすみでて、たすけおこす、「師匠は、このフーテンの無礼を、何で見逃すのか」

黄檗はおきあがるやいなや、庶務をなぐりつけた。師匠は鍬で地面をほっていう、「よそはどこも火葬だが、おれのところは、一挙に生き埋めだ」

後年、潙山が仰山に質した、「黄檗が庶務をなぐりつけたのは、どういうつもりだったろう」

仰山、「本物の泥棒が逃げてしまって、[*4]あとを追う警官が棒をくらいました」

＊1〈皆と荒地を開いて〉「普請」は、唐の禅院生活の、もっとも特色ある行事の一つ。百丈の『禅門規式』にいう、「普請の法を行じて、上下力を均《ひと》しくす」。要するに修行の一部で、奴隷を使わぬ荒仕事である。
＊2〈こやつ〉三人称で呼びかけているのに注意。ねらいは、他の大勢か。
＊3〈庶務がかり〉原文「維那」は、カルマダーナの義訳。雑務の親分。
＊4〈本物の泥棒が…〉当時の諺。「羅蹤人」は、歴とした官吏ならん。

ある日、黄檗僧堂のできごと。黄檗は、あのことがあってから、この若ものに一目おいている。嬉しくて、自分の居室にじっとしていられないらしい。つぎの一段と、おそらくは相前後するころのもの。潙山と仰山の批評も、この段をふくめてみると面白い。

## 四

師一日、僧堂の前に在りて坐す。黄檗の来るを見て、便《すなわ》ち目を閉却《へいきゃく》す。黄檗乃《すなわ》ち怖るる勢《いきおい》を作《な》して、便ち方丈に帰る。師随って方丈に至って礼謝《らいしゃ》す。首座《しゅそ》、黄檗の処に在りて侍立《じりゅう》す。黄檗云く、此の僧は是れ後生なりと雖《いえど》も、却《かえ》って此の事《じ》有ることを知る。首座云く、老和尚、脚跟《きゃっこん》も地に点ぜず。却って箇《こ》の後生《こうせい》を証拠す。黄檗自から口上を打一摑《たいっかく》す。首座云く、知らば即ち得たり。

師一日。在僧堂前坐。見黄檗来。便閉却目。黄檗乃作怖勢。便帰方丈。師随至方丈礼謝。首座在黄檗処侍立。黄檗云。此僧雖是後生。却知有此事。首座云。老和尚脚跟不点地。却証拠箇後生。黄檗自於口上打一摑。首座云。知即得。

### 若もの

師匠はある日、僧堂の外で坐っておられた。[*1] 黄檗がやって来るのを見ると、目をつむってみせた。黄檗はそのまま、怖そうな恰好で、すぐに居室[*2]に引きあげた。師匠は黄檗についていっておわびした。先達の僧が、黄檗のそばにひかえていた。
黄檗、「こやつは若いながら、なかなかあのことを心得ている」[*3]
先達の僧、「老師は足もともかまわず、こんな若ものを証明[*4]なされる」
黄檗は、自分で口のあたりを、平手でうちうつ。
先達の僧、「おわかりならよろしい」

*1〈僧堂の外で…〉正規に坐禅をする場所でないところ。

*2〈居室〉「方丈」は維摩の居室になぞらえる語。

*3〈あのことを心得ている〉禅の根本事実。心を乱さねば、坐禅もまた無用なること。南泉の、「三世の諸仏は有《う》を知らず」というのを前提しよう。

*4〈証明〉認めること。一人前に扱う意。


黄檗は、しきりに僧堂に下りてくる。禅が行住坐臥にかかわらぬとなると、眠っている臨済が坐禅していることになり、坐禅している先達の僧が、かえって妄想をわかせていることになる。潙山と仰山の批評もまた、その点をとらえている。

## 五

師、堂中に在りて睡《ねむ》る。黄檗下り来って見る。拄杖《しゅじょう》を以て板頭《はんとう》を打つこと一下《げ》す。師、頭《こうべ》を挙げて、是れ黄檗なるを見て、却って睡る。黄檗又た板頭を打つこと一下、却って上間《じょうかん》に往《ゆ》いて、首座《しゅそ》の坐禅するを見る。乃ち云う、下間《げかん》の後生却って坐禅す。汝者《しゃ》裏《り》に妄想して什麽《なに》か作《せ》ん。首座云く、者《こ》の老漢、什麽か作ん。黄檗、板頭を打つこと一下、便ち出《い》で去る。

後に潙山、仰山に問う、黄檗、僧堂に入る、意作麽生。仰山云く、両彩一賽《りょうさいいっさい》。

師在堂中睡。黄檗下来見。以拄杖打板頭一下。師挙頭。見是黄檗却睡。黄檗又打板頭一下。却往上間。見首座坐禅。乃云。下間後生却坐禅。汝者裏妄想作什麽。首座云。者老漢作什麽。黄檗打板頭一下。便出去。
後潙山問仰山。黄檗入僧堂。意作麽生。仰山云。両彩一賽。

## 居ねむり

師匠は、僧堂の中で眠[*1]っておられた。黄檗は、居室からおりてきて、それを見ると、杖で座席をひと打ちする。師匠は顔をあげるが、黄檗だと判ると、また眠った。黄檗はもういちど席を打つと、今度は僧堂の上の区画[*2]に行く。

先達の僧が坐禅しているのを見て、そっと注意する、「下の席の若ものが、ちゃんと坐禅しているのに、貴公はここで妄想をわかせて、どうする気だ」

先達の僧、「このじいさん、[*3]どうする気だ」
黄檗は、座席をひとつ打って、さっさと出てゆく。
後年、潙山が仰山に質した、「黄檗が僧堂に来たのは、何のつもりだろう」
仰山、「勝ち目が二つ、[*4]一度のバクチで丸もうけだ！」

＊1〈僧堂の中で〉今度は、正式の坐禅の席。
＊2〈上の区画〉僧堂の中の北側にある上位の僧の席。
＊3〈このじいさん〉黄檗その人をさす。「這老漢」を流布本は「這風顛漢」につくる。
＊4〈勝ち目が二つ…〉原文の「彩」は、賭博や双六の勝ち目。「賽」は、ゲーム。ただし、この句を、「一彩両賽」につくるテキストがあり、この場合は二度のゲームで、一度の勝ち目となる。

新しい唐代禅院の特色は、生産労働を肯定したことだ。全員が力を合わせて働くところに修行者の生きがいがある。ただし、本当の生産は、不生不滅の真理の開発だ。この点を忘れると、地獄の再生産に堕するであろう。

## 六

一日、普請《ふしん》の次で、師、後《しりえ》に在りて行《ぎょう》ず。黄檗、頭を回《かえ》して、師の空手《くうしゅ》なるを見て、乃ち問う、钁頭《かくとう》は什麼《いずれ》の処にか在る。師云く、人有りて将《も》ち去り了《おわ》れり。黄檗云く、近《きん》前来《ぜんらい》、汝と共に箇《こ》の事《じ》を商量《しょうりょう》せん。師便《すなわ》ち近前す。黄檗、钁頭を竪起《じゅき》して云く、秖《た》だ者箇《しゃこ》、天下の人も拈掇不起《ねんてつふき》。師、手に就いて掣得《せいとく》し、竪起して云く、什麼《なん》と為《し》てか却って某甲《それがし》が手裏に在る。黄檗云く、今日大いに人有って普請す。便ち院に帰る。

後に潙山、仰山に問うて云く、钁頭は黄檗の手裏に在り、什麼と為てか却って臨済に奪却《だっきゃく》せらる。仰山云く、賊は是れ小人、智は君子に過ぐ。

一日普請次。師在後行。黄檗回頭。見師空手。乃問。钁頭在什麼処。師云。有一人将去了也。黄檗云。近前来。共汝商量箇事。師便近前。黄檗竪起钁頭云。秖者箇。天下人拈掇不起。師就手掣得。竪起云。為什麼却在某甲手裏。黄檗云。今日大有人普請。便帰院。
後潙山問仰山云。钁頭在黄檗手裏。為什麼却被臨済奪却。仰山云。賊是小人。智過君子。

## 泥棒の悪知恵

ある日、皆といっしょに畑仕事のとき、師匠はうしろの方でやっている。黄檗はふりかえって、師匠が手ぶらでいるのに気づいて、問いかけた。

黄檗、「鍬をどこにやった」

師匠、「誰かもっていってしまいました」*1

黄檗、「近うよれ、おまえに話がある」

師匠は進みよる。黄檗は鍬をつっ立てた、「こいつだけは、世界中で誰ひとり、もちあげることがでけん」

師匠は（黄檗の）手から鍬をひったくって、つっ立てた、「どうしてまた、わたしの手のうちにあるのです」

黄檗は、「きょうは、ある男が、[*2] みごとに大働きしたぞ」

そういって、僧院にひきかえす。

後年、潙山が仰山に質した、「鍬は黄檗の手のうちにあった、どうして臨済にとられてしまったのか」

仰山、「泥棒は小者でも、[*3] 悪知恵は君子以上でございます」

＊1〈誰かもっていってしまいました〉誰かは、師匠の黄檗。黄檗が、二人分働いてくれた。

＊2〈きょうは、ある男が…〉臨済をほめる言葉。当時は、開悟の僧があると、普請をやめて祝う。

＊3〈泥棒は小者でも…〉当時の諺。宋の『梁渓漫志』十に次の例をあげる。「ある役人が政府によびつけられた。泊まった旅館の前に茶店があって、染物屋と向かいあっている。用もないので、茶店の椅子によりかかって往来をみていると、ある日、数人の男が右往左往している。ふしぎにおもっていると、一人の男がそっと近づいて、『手前どもは仲買人で、あの家の屋上に干してある白絹がほしいのです、お役人さん、他言しないでください』という。『それがおれに何のかかわりあって、わざわざ他言するものか』。男は丁重におじぎして姿を消す。役人は思った、『あの白絹は大通りに向かってひろげられている。

白昼で衆人の目がある。もし掠《かす》められたら大した泥棒だ』。じっと見ていると、例の男たちはしきりに、往来するが、夕刻になってすべて姿を消した。染物屋にも異状はない。飯をくおうと部屋にかえると、自室はすでに空っぽであった」

黄檗僧堂の台所の話。問題は、後半の黄檗の代語と、臨済の一掌であろう。一掌はさきの大悟のときの、それにつづくものであり、代語は心ゆるす師弟の情の、こまやかさを示す。ただし、すでに編者の整理が、かなり加わっている。

七

黄檗因《ちなみ》に厨《くりや》に入る次で、飯頭《はんじゅう》に問う、什麼《なに》をか作《な》す。飯頭云く、衆僧の米を揀《えら》ぶ。黄檗云く、一日に多少《いくばく》をか喫する。飯頭云く、二石《せき》五。黄檗云く、太《はなは》だ多きこと莫《な》きや。飯頭云く、猶お少なきことを恐るる在り。黄檗便ち打つ。飯頭却って師に挙似《こじ》す。師云く、我れ汝が為《た》めに者《こ》の老漢を勘《かん》せん。纔《わず》かに到って侍立《じりゅう》する次で、黄檗前話《ぜんな》を挙《こ》す。師云く、飯頭不会《ふえ》、請う和尚代わって一転語《いってんご》せよ。師便《すなわ》ち問う、太だ多きこと莫きや。黄檗云く、何ぞ道《い》わざる、来日更に一頓《いっとん》を与えんと。師云く、什麼《なん》の来日とか説かん、即今便ち喫せよ。道い了って便ち掌《しょう》す。黄檗云く、者《こ》の風顚漢《ふうてんかん》、又た者裏《しゃり》に来って虎鬚《こしゅ》を捋《ひ》く。師便ち喝《かつ》して出で去らしむ。

後に潙山、仰山に問う、此の二尊宿、意作麼生《そもさん》。仰山云く、和尚は作麼生。潙山云く、子《こ》を養って方《はじめ》て父の慈を知る。仰山云く、然らず。潙山云く、子《なんじ》又た作麼生。仰山云く、大いに勾賊破家《こうぞくはけ》に似たり。

黄檗因入厨次。問飯頭。作什麼。飯頭云。揀衆僧米。黄檗云。一日喫多少。飯頭云。二石五。黄檗云。莫太多麼。飯頭云。猶恐少在。黄檗便打。飯頭却挙似師。師云。我為汝勘者老漢。纔到侍立次。黄檗挙前話。師云。飯頭不会。請和尚代一転語。師便問。莫太多麼。黄檗云。何不道来日更与一頓。師云。説什麼来日。即今便喫。道了便掌。黄檗云。者風顛漢。又来者裏捋虎鬚。師便喝出去。

後潙山問仰山。此二尊宿。意作麼生。仰山云。和尚作麼生。潙山云。養子方知父慈。仰山云。不然。潙山云。子又作麼生。仰山云。大似勾賊破家。

## 一日にどのくらい食べる

黄檗は、あるとき台所に来た。飯たきの僧[*1]にたずねる、「なにをしている」

飯たき、「修行僧の飯米を計っています」

黄檗、「一日にどのくらい食べる」

飯たき、「二石半（約一四九リットル）です」

黄檗、「多すぎはせんか」

飯たき、「まだ足らぬかと心配です」

黄檗はすぐに、飯たきをなぐった。飯たきは、ことの次第を師匠につげた。

師匠、「わしが君に（代わって）親爺を調べてやる」

師匠が（黄檗の）そばに来てひかえるなり、黄檗が先に話をもちだす。

師匠、「飯たきは何もわからんのです、どうかお師匠さま、かれに代わって、一言いってやってください[*2]」

師匠はそういってたずねた、「多すぎはせんか」

黄檗、「どうしてこういわぬ、『あしたもう一喰らい、食わせまする』と」

師匠、「あしたが何だというのです。たったいま、喰らいなされ」

言うなり、ピシャリと平手うちにする。

黄檗、「このフーテンめが、ようここに来て、虎のひげをひっぱりおる」

師匠は、出てゆけとばかり、どなりつけた。

　後年、潙山が、仰山に質した、「この二人のお偉方は、いったい何のつもりだったろうな」

　仰山、「老師のおつもりは、いかがです[*3]」

　潙山、「子をもってはじめて親の心がわかるというものだ」

　仰山、「そうではありますまい」

　潙山、「貴公は、どうなんだ」

仰山、「まるで泥棒をつれこんで、[*4]ごっそりやられたようなものです」

＊1〈飯たき〉典座《てんぞ》の下で、実際の炊事に当たる僧。百丈の『禅門規式』にみえる。
＊2〈一言いってやってください〉状況を一挙に変える、キーワード。
＊3〈子をもってはじめて…〉当時の諺。
＊4〈泥棒をつれこんで…〉わが子はもう他人である。他人となって、はじめて父子となる。『円覚経』に、「譬《たと》えばある人の賊を以て子と為せば、其《そ》の財宝終《つい》に成就せざるがごとし」とある。

臨済が河北に来ること、そこに普化がいて、かれを助けることを予言する一段。当時、仰山は予言の名人であった。臨済の生涯は、潙仰父子によって演出される。

八　師、黄檗の為めに書を馳《は》せて潙山に去る。時に仰山、知客《しか》と作《な》る。書を接得《せっとく》して便《すなわ》ち問う、者箇《しゃこ》は是れ黄檗底《てい》、那箇《なこ》か是れ専使底《てい》。師便ち掌《しょう》す。仰山約住《やくじゅう》して云く、老兄《ろうひん》、是れ般《つら》の事を知らば、便ち休す。同《とも》に去って潙山に参ず。潙山便ち問う、黄檗師兄《すひん》は多《いく》少《ばく》の衆ぞ。師云く、七百衆。潙山云く、什麼人《なんびと》か導首為《た》る。師云く、適来已《せきらいすで》に書を達し了《おわ》れり。師却って潙山に問う、和尚が此間《すかん》は多少の衆ぞ。潙山云く、一千五百衆。師云く、太多生《たいたせい》。潙山云く、黄檗師兄も亦《ま》た少なからず。

師、潙山を辞す。仰山送り出して云く、汝向後《こうご》、北に去れ、箇《こ》の住処《じゅうしょ》有らん。師云く、豈《あ》に与麽《よも》の事有らんや。仰山云く、但《た》だ去れ、已後《いご》、一人有って老兄を佐輔《さほ》する在らん。此の人は秖《た》だ是れ頭有って尾無く、始有って終無し。師、後に鎮州《ちんじゅう》に到る。普化《ふけ》、已に彼中《かしこ》に在り。師の出世する（を待って）、普化は師を佐賛す。師住して未だ久しからず、普化は全身脱去す。

師為黄檗馳書。去潙山。時仰山作知客。接得書便問。者箇是黄檗底。那箇是専使底。師便掌。仰山約住云。老兄。知是般事便休。同去参潙山。潙山便問。黄檗師兄。多少衆。師云。七百衆。潙山云。什麽人為導首。師云。適来已達書了也。師却問潙山。和尚此間多少衆。潙山云。一千五百衆。師云。太多生。潙山云。黄檗師兄亦不少。師辞潙山。仰山送出云。汝向後北去。有箇住処。師云。豈有与麽事。仰山云。但去。已後有一人佐輔老兄在。此人秖是有頭無尾。有始無終。師後到鎮州。普化已在彼中。師出世。普化佐賛於師。師住未久。普化全身脱去。

## 北方に持ちがいのある寺がある

師匠は、黄檗の手紙をとどけに[*1]、潙山に出かけた。

ちょうど、仰山が接待役で[*2]、手紙をうけとった、「これは黄檗のものだ。代理《きさま》のを出せ」

師匠は平手打ちをくらわす。仰山は（平手を）とりおさえた、「それが判るなら[*3]、これでおしまい[*4]」

ともなわれて、潙山におめどおりに行く。潙山がたずねた、「黄檗兄者のところには、どれほどの学生がいるか」

師匠、「七百人です」

潙山、「どういう人が、先達か」

師匠、「さきほど、手紙をわたしてござる」

今度は師匠が、潙山にたずねた、「こちらの老師さま（の下）には、どれほどの学生がいます」

潙山、「一千五百人かな」

師匠、「それはたいへんなことだな」

潙山、「黄檗兄者だって、少なくはない」

師匠は、潙山にいとまを告げた。

仰山が見送っていう、「君はこれから、北方に行きなさい、持ちがいのある寺がある」

師匠、「そんなことがあるものか」

仰山、「まあ行ってみろ、今に、ある男が君を助ける。この男はなんと、頭はあるが尾はなく、*5 始めはあるが終わりがない」

師匠はやがて鎮州に来る。普化がまちかまえていて、師匠が一家をはると、普化は先生をたすけた。師匠が寺を持って間もなく、普化は身ぐるみ、消えうせた。*6

＊1〈黄檗の手紙を…〉江西の黄檗山より、湖南の潙山まで、七百里である。
＊2〈接待役〉知客は禅院三役の一。
＊3〈それが判るなら〉臨済は黄檗の代理ではない。ただし、『広灯録』は「知是一般事」とする。
＊4〈これでおしまい〉善意にも、悪意にもとれる。
＊5〈頭はあるが尾はなく…〉つじつまが合わぬこと、要するに異常。頭尾、始終は同義語。
＊6〈身ぐるみ、消えうせた〉死んで遺体を残さぬこと。〔一七〕の注参照（56ページ）。

臨済が黄檗山を下って、河北に来るときの話。禅における師と弟子の関係が、どうあるべきかをものがたる一段。『伝灯録』では、この前に「臨済破夏《はげ》の因縁」とよばれる一段があって、臨済が夏《げ》に遅れて黄檗のところに来て、師の看経《かんきん》しているのをみて、腹をたてて去るが、途中よりひきかえして夏を終わったとして、この話に入る。流布本もまた同じである。今は、独立の話として読む。とくに、潙仰の問答が重要である。

九　師、黄檗を辞す。黄檗問う、什麼《いずれ》の処にか去る。師云く、是れ河南《かなん》ならずんば、便《すなわ》ち是れ河北《かほく》なり。黄檗便ち打つ。師約住《やくじゅう》して、一掌を与《あた》う。黄檗大咲《たいしょう》し、乃ち喚《よ》ぶ。侍《じ》者《しゃ》、百丈先師の禅板机案《ぜんばんきあん》を将《も》ち来れ。師云く、侍者、火を将ち来れ。黄檗云く、是《かく》の如しと雖然《いえど》も、汝但《た》だ将ち去れ。已後《いご》、天下の人の舌頭《ぜっとう》を坐却《ざきゃく》し去ること在らん。

後に潙山、仰山に問う、臨済は他《か》の黄檗に辜負《こふ》すること莫《な》きや。仰山云く、然らず。潙山云く、子《なんじ》又た作麼生《そもさん》。仰山云く、恩を知って方《はじめ》て解《よ》く恩を報ず。潙山云く、従《じゅう》上《じょう》の古人、還《ま》た相《あ》い似たる底《てい》有りや。仰山云く、有り。秖《た》だ是れ年代深遠《じんおん》なり。和尚に挙似《こじ》するを欲せず。潙山云く、是の如しと雖然《いえど》も、吾れ且《しばら》く知らず。子《なんじ》但だ挙《こ》して看《み》よ。仰山云く、秖如《たとえ》ば楞厳会上《りょうごんえじょう》に、阿難《あなん》讃仏して云く、此の深心《じんしん》を塵刹《じんせつ》に奉ず、是《これ》を則《すなわ》ち名づけて仏恩を報ずと為すと。豈《あ》に是れ報恩の事《じ》ならずや。潙山云く、如是《にょぜ》如是。見《けん》、師と斉《ひと》しきは師の半徳を減ず、見、師より過ぎて、方《はじめ》て伝授するに堪えたり。

師辞黄檗。黄檗問。什麼処去。師云。不是河南。便是河北。黄檗便打。師約住与一掌。黄檗大咲。乃喚侍者。将百丈先師禅板机案来。師云。侍者将火来。黄檗云。雖然如是。汝但将去。已後坐却天下人舌頭去在。

後潙山問仰山。臨済莫辜負他黄檗也無。仰山云。不然。潙山云。子又作麼生。仰山云。知恩方解報恩。潙山云。従上古人。還有相似底也無。仰山云。有。秖是年代深遠。不欲挙似和尚。潙山云。雖然如是。吾且不知。子但挙看。仰山云。秖如楞厳会上。阿難讃仏云。将此深心奉塵刹。是則名為報仏恩。豈不是報恩之事。潙山云。如是如是。見与師斉。減師半徳。見過於師。方堪伝授。

河南でなければ
師匠は、黄檗にいとまごいした。

黄檗「どこに行く」

師匠、「河南でなければ、[1]河北です」

黄檗はなぐりつけるが、師匠はすかさず、平手打ちをくらわす。黄檗は大笑いして叫ぶ、

「侍者よ、百丈先師[2]の禅板と机案[3]をもってきてくれ」

師匠、「小僧、火をもて」

黄檗、「それはその通りだが、まあ、持ってゆけ。今後、（うるさい）世人の口を、おさえるのに役立つ[4]」

後年、潙山がこの話をもちだして、仰山に質した、「臨済は、黄檗を見くびった[5]のだろうか」

仰山、「そうではありません」

潙山、「そなたならどうする」

仰山、「御恩を感じたら、[6]恩をかえすことが必要です」

潙山、「先輩のうちに、似た例があるか」

仰山、「ございます。しかし時代が非常に距《へだ》たりますから、お師匠さまに申しあげよ

うとはおもいません」
潙山、「そうかも知れんが、わしには見当もつかん、ひとつ教えてくれよ」[*7]
仰山、「たとえば『楞厳経《りょうごん》』[*8]の説法の席で、アーナンダが仏をたたえるところに、『このまごころを、[*9]塵《ちり》の数ほどある多くの国々にささげる、これぞ仏の御恩をかえすものとよばれる』。これが、恩をかえす事例じゃないですか」
潙山、「いかにも、いかにも。見識が師匠と同じでは、[*10]師匠の徳を半分へらす。見識が師匠以上であって、はじめて伝授できるというものだ」

＊1〈河南でなければ…〉河南は、帝都洛陽《らくよう》である。おきまりどおり一旗あげるか、それとも故郷にひっこもるか。
＊2〈百丈先師〉黄檗の先師、百丈懐海《えかい》（七四九～八一四）。大智禅師と謚《おくりな》される。伝は俗弟子陳詡《ちんく》が書いた「唐洪州百丈山故懐海禅師塔銘」（『全唐文』四四六）が最も古く、『祖堂集』十四、『宋高僧伝』十、『伝灯録』六などにもみえる。清規《しんぎ》を制定したことで知られ、その語を集めた『百丈広録』がある。門下は多いが、代表者が黄檗と潙山である。『碧巌録』六十八則によると、黄檗は印可《いんか》の品として禅板・蒲団《ふとん》を伝え、潙山は拄杖《しゅじょう》・払子《ほっす》を貰った。
＊3〈禅板と机案〉坐禅の道具。疲れたとき、背をよせるのが禅板で、脇によりかかるのが机案である。
＊4〈世人の口を…〉「坐却」は、膝の下にくみしいて動かせぬこと。坐断ともいう。
＊5〈見くびった〉「辜負」は、背をむけること。無駄にしてしまう意。

＊6〈御恩を感じたら…〉当時の諺。『太公家教』に見える。元来は『華厳経』九。
＊7〈わしには見当もつかん〉相手に言わせる、オトボケ上手。
＊8〈『楞厳経』〉『大仏頂如来密因修証了義諸菩薩万行首楞厳経』十巻。則天武后の末年頃、中天竺《ちゅうてんじく》の般《は》刺密《らみつ》が広州制旨寺で訳した。中国撰述の経典で、禅・戒・密など、当時の新しい動きを根拠づけようとしたもの。楞厳呪とよばれる呪文は、禅宗でもっとも大切。
＊9〈このまごころを…〉『楞厳経』三にみえる句。
＊10〈見識が師匠と同じでは…〉『碧巌録』十一則では、百丈が黄檗を許す語とし、古くは『祖堂集』七の岩頭章にある、徳山の言葉を最初とする。

いよいよ、鎮州臨済院の説法。おそらくは、会昌の破仏直後である。ここに述べられる裸の思想は、その時代にもっともふさわしい。この時、この人、この処を離れて考えることのできぬ、生の人間の問題である。原人（人間とは何か）の哲学が、ここにある。

一〇　上堂。云く、赤肉団上《しゃくにくだんじょう》、一無位《いちむい》の真人《しんにん》有り。常に汝等諸人《なんじらしょにん》に従って、面門《めんもん》より出入す。未だ証拠せざる者は、看《み》よ看よ。時に僧有り、出でて問う、如何《いか》なるか是れ無位の真人。師、禅牀《ぜんしょう》を下って把住《はじゅう》して云く、道《い》え道え。僧擬議《ぎぎ》す。師托開《たっかい》して云く、無位の真人、是れ什麼《なん》の乾屎橛《かんしけつ》ぞ。便《すなわ》ち方丈に帰る。

上堂云。赤肉団上。有一無位真人。常従汝等諸人。面門出入。未証拠者。看看。時有僧出問。如何是無位真人。師下禅牀把住云。道道。其僧擬議。師托開云。無位真人。是什麼乾屎橛。便帰方丈。

## 脱体制の聖者

定例の説法[*1]でいわれた、「生身のからだに、脱体制の自由[*2]がある。いつもお前たちの口から、[*3]出入りしているぞ。まだ気づいてないなら[*4]、たった今、見とどけろ」

そのとき、ある修行僧が出てきてたずねた、「どういうのが脱体制の自由です」

師匠は椅子をおりて、相手（の胸）をひっつかむ、「さあいえ」

修行僧は、何かいおうとする。[*5]師匠はつきはなした、「脱体制の自由というのに、何たる糞っ切れだ[*6]」。嚙んで捨てるようにいうと、さっさと自室にもどった。

＊1〈定例の説法〉上堂は、長老が法堂にのぼり、禅を宣揚する行事。一同は立って聞き、すぐに質問する。百丈の『禅門規式』に、その作法がみえる。弟子の数が増すに従って、毎月五日ごとに一度と限られるようになり、それ以外を小参、もしくは示衆とよぶ。

＊2〈脱体制の自由〉もとは道家の語である。「真人」は、アラカンの訳語。仏性、法性、自性、本性、精神、人格など、時と場合によって種々に呼びかえてよいが、それらはとかく概念化し、実体化されやすい。無位はそうした概念化を拒否する、たった今の言葉である。

*3〈口から…〉傅大士《ふだいし》の『心王銘』にみえる句。「面門」は元来、経典の訳語である。たとえば、『一切経音義』二十五参照。

*4〈気づいて〉すでに〔四〕にみえる「証拠」。

*5〈いおうとする〉文語の「欲」に同じ。「擬欲」ともいう。

*6〈糞っ切れ〉棒状の、糞そのもの。


臨済院での三つの問答。前条と、同じ日と考えなくてもよい。『祖堂集』十九や『伝灯録』二十七の「諸方雑挙徴拈代別語」に、やや異なって伝えられ、雲門と大覚の批評がついている。早くより諸方に知られた一段である。〔二八〕とも関係があろう。

二　師、僧に問う、什麽《いずれ》の処より来る。僧便《すなわ》ち喝《かつ》す。師便ち揖《いっ》して坐せしむ。僧擬議《ぎぎ》す。師便ち打つ。
師、僧の来るを見て、便ち払子《ほっす》を竪起《じゅき》す。僧礼拝す。師便ち打つ。

又た僧の来るを見て、亦《ま》た払子を竪起す。僧顧みず。師亦た打つ。


師問僧。什麽処来。僧便喝。師便揖坐。僧擬議。師便打。師見僧来。便竪起払子。僧礼拝。師便打。又見僧来。亦竪起払子。僧不顧。師亦打。

## 三人の修行僧

師匠は、ある修行僧にたずねられた、「どこから来たか」

僧は、[*1]すぐにどなる。師匠は（にっこり）会釈して[*2]坐らせる。僧は何か答えようとする。

師匠は僧をなぐりつけた。

師匠は、修行僧が来るのを見ると、払子[*3]をつったてた。僧はおじぎをする。師匠はすかさずなぐりつけた。

また、僧が来るのを見て、師匠はこんども払子をたてた。僧は目もくれぬ。師匠はやっぱり、なぐりつけた。

＊1〈僧は…〉臨済がどなるのをまねたのである。臨済の家風は、すでに諸方に知られていた。ちなみにいう、喝は、叱と同じく大声でどなることで、「カーツ」とどなることではない。どんな音でもよいのである。
＊2〈会釈して〉判ったという気分。
＊3〈払子〉元来は坐禅のときに、蚊や蠅を払うための道具だったが、後には禅の老師の小道具となる。払子を立てるのは、よう来たというあいさつで、歓迎の意である。

はじめに僧との問答が二つあって、さいごに批評がついている。〔二〕と同じように、臨済の家風は、すでに喝によって知られていたらしい。流布本は、この一段にかなり手を加える。ここにあるのを、原型とみたい。

三　上堂。僧有り、出でて礼拝す。師便ち喝《かつ》す。僧云く、老和尚、探頭《たんとう》なること莫《な》くんば好《よ》し。師云く、你《なんじ》道《い》え、什麼《いずれ》の処にか落在《らくざい》する。僧便ち喝す。又た僧有り、問う、如何なるか是れ仏法の大意。師便ち喝す。僧礼拝す。師云く、你、好喝《こうかつ》と道《おも》うや。僧云く、草賊大敗《そうぞくたいはい》。師云く、過《とが》什麼の処にか在る。僧云く、再犯容《さいぼんゆる》さず。師云く、大衆《だいしゅ》、臨済が賓主の句を会《え》せんと要せば、堂中の二禅客に問取《もんしゅ》せよ。便ち下座す。

上堂。有僧出礼拝。師便喝。僧云。老和尚莫探頭好。師云。你道落在什麼処。僧便喝。又有僧問。如何是仏法大意。師便喝。僧礼拝。師云。你道好喝也無。僧云。草賊大敗。師云。過在什麼処。僧云。再犯不容。師云。大衆要会臨済賓主句。問取堂中二禅客。便下座。

二人のお客さま

定例説法のとき、*1修行僧がでてきて、おじぎした。師匠はどなりつけた。

僧、「老大師ともあろうに、首つきだして、*2きょろつかぬがよろしい」

師匠、「貴様、どこに落ちたとおもってるのか*3」

僧は、すかさずどなった。

また、修行僧がたずねた、「どういうものが、仏法の究極目的でしょうか」

師匠はどなりつけた。僧は、おじぎする。

師匠、「貴様、ほめられたとでも思ってるのか」

僧、「野盗はみんごと、*4つぶれましたナ」

師匠、「まちがいは、*5どこにあったのだ」

僧、「二度目の犯乱は、*6大目にみません」

師匠、「皆のものよ、わしがつねづね客*7と主人といっているのを知りたいなら、禅堂にいる、この二人*8にたずねよ」

そういって、席をたたれた。

＊1〈定例説法のとき〉説法に先立って質問するのは、異例である。腕に覚えある僧である。
＊2〈首つきだして…〉探りをいれる様子。「探頭」の頭は、語助。
＊3〈どこに落ちたと…〉相手のことより、自分のいどころがわかってるのか。
＊4〈野盗はみんごと…〉官軍が犯乱を鎮圧したとき、中央に上奏する語。相手を軽蔑した意をもつ。僧

は、臨済の前語を非難している。
＊5〈まちがいは…〉野盗のまちがいである。臨済は、非難を客観視している。
＊6〈二度目の犯乱は…〉法制用語。
＊7〈わしがつねづね…〉後段〔四七〕の四賓主の問答を前提する。
＊8〈禅堂にいる、この二人〉先に問答した二人を、かなり評価している。禅客は諸方をめぐって、修行僧を目ききする、格別の役目をもつ。ちなみに流布本を参考すると、第二の僧が「再犯不容」というのにつづいて、さいごの師のことばとの間に、次のコメントがある。「師便ち喝す。是《こ》の日、両堂の首座《しゅそ》相見して、同時に喝を下す。僧、師に問う、還《ま》た賓主有り也《や》無。師云く、賓主歴然」

以下、普化との問答がつづく。普化もまた、〔二三〕の禅客である。さすがの臨済も、普化にかかると、ウブである。

亖　師一日、普化《ふけ》と同《とも》に、施主《せしゅ》の家斎《かさい》に赴く次《つい》で、師問う、毛《もう》、巨海《こかい》を呑み、芥《け》、須弥《しゅみ》を納《い》る。為《はた》是れ神通妙用《じんずうみょうゆう》なるか、本体如然《にょねん》なるか。普化、飯牀《はんじょう》を踏倒《とうとう》す。師云く、太麁《たいそ》生《せい》。普化云く、者裏《しゃり》是れ什麼《なん》の所在にしてか、麁と説き細と説く。

師来日、又た普化と同《とも》に斎に赴く。問う、今日の供養、昨日に何似《いかん》。普化依前として飯牀を踏倒す。師云く、得たることは即ち得たり、太麁生。普化云く、瞎漢《かっかん》、仏法に什《な》麼《ん》の麁細をか説く。師乃《すなわ》ち舌を吐く。

師一日。同普化赴施主家斎次。師問。毛呑巨海。芥納須弥。為是神通妙用。本体如然。普化踏倒飯牀。師云。太麁生。普化云。者裏是什麽所在。説麁説細。師来日。又同普化赴斎。問今日供養。何似昨日。普化依前。踏倒飯牀。師云。得即得。太麁生。普化云。瞎漢。仏法説什麼麁細。師乃吐舌。

施主の食事

師匠はある日、普化[*1]といっしょに、施主に招かれて、食事の席についたとき、師匠は、普化にたずねる、「一すじの毛が大海を吸いこみ[*2]、一つぶの芥子がスメールの山をおさめるとは、神通力のわざか[*3]、それとも、もともと当然のことか、どうだろう」

普化は、食膳を蹴とばす。師匠、「手荒すぎるぞ」

普化、「ここがどういう場所だと思って[*4]、手荒いとか丁重だとかいわれる」

師匠は翌日も普化といっしょに、食事の席に招かれた、「今日のごちそうは、昨日にくらべてどうかな」

普化は相かわらず、食膳を蹴とばす。師匠、「よいことはよいが、手荒にすぎる」

普化、「ドジめが、仏法に、手荒いと丁重の手かげんがあるものか」

師匠は二の句がつげず、ネを上げた[*5]。

＊1〈普化〉馬祖―盤山―普化と次第するが、素姓も生没年も不明。普化というのも、誰彼の別なく食を乞うたことからつけられた、あざならしい。

＊2〈一すじの毛が…〉『維摩《ゆいま》経』不思議品にもとづく句。大小広狭の区別を超える、無分別のところを指す。施主の食事の施しを受けるに当たって、維摩を想起したらしい。

＊3〈神通力のわざか…〉神通力は、坐禅の成果である。そうした神秘の動きを、今は日常茶飯の中に見る意がある。動中の工夫である。

＊4〈ここがどういう場所だと…〉ここは維摩の方丈、無分別の世界である。臨済みずからいいだした主題である。

＊5〈ネを上げた〉アゴを出す。敗北をみとめる意。

河陽・木塔の二長老と臨済を、普化が軽くあしらって、値ぶみする一段。アウト・ローの普化にかかると、さすがの長老も台なしだが、臨済だけは心友であった。

**一四**　師一日、河陽《かよう》・木塔《もくとう》長老と同《とも》に、僧堂の地炉《じろ》の内に在りて坐す。因《ちなみ》に説く、普化《ふけ》毎日、街市に在りて掣風掣顚《せっぷうせってん》す。知他《しら》ず、是れ凡《ぼん》か是れ聖《しょう》かと。言猶《な》お未だ了《おわ》らざるに、普化入り来る。師便ち問う、汝は是れ凡か是れ聖か。普化云く、汝且《しば》らく道《い》え、我は是れ凡か是れ聖か。師便ち喝す。普化、手を以て指ざして云く、河陽は新婦子《しんぷす》、木塔は老婆禅《ろうばぜん》、臨済の小廝児《しょうしじ》、却って一隻眼《いっせきげん》を具《ぐ》す。師云く、者《こ》の賊《ぞく》。普化云く、賊賊。便ち出で去る。

師一日。与河陽木塔長老。同在僧堂地炉内坐。因説。普化毎日。在街市掣風掣顚。知他是凡是聖。言猶未了。普化入来。師便問。汝是凡是聖。普化云。汝且道我是凡是聖。師便喝。普化以手指云。河陽新婦子。木塔老婆禅。臨済小廝児。却具一隻眼。師云。者賊。普化云。賊賊。便出去。

## 臨済の小わっぱ

師匠はある日、河陽と木塔[*1]という、二人の長老といっしょに、僧堂の土間に設けた、暖炉のそばに休んでおられた。普化が毎日町なかで、フーテンさわぎをやるのは、凡人なのか[*2]、聖者なのかという話になる。いいもおわらぬうちに、普化が入ってきた。先生はすかさずたずねた、「貴様は凡人か聖者か」

普化、「お前まず答えてみろ、わしは凡人か、それとも聖者か」

師匠はすぐに、どなりつけた。普化は手で三人を指ざす、「河陽は花よめ、木塔はおいぼれ婆さん、臨済の小わっぱめが、なかなか一見識[*3]もっている」

師匠、「この悪党め」

普化、「悪党だとも、悪党だとも」。そういって、出てゆく。

＊1〈河陽と木塔〉ここに書かれている以外は不明だが、木塔は、木製の塔がある、名刹《めいさつ》の長老だろう。
＊2〈凡人なのか…〉初祖ダルマは、凡聖不二《ふに》と教える。「知他」は、反語。
＊3〈なかなか一見識…〉『伝灯録』は「只具一隻眼」とする。この場合はほめ方がちがっていて、片方しか目がきかないこと。融通のきかぬ、堅物である。

普化がやって来て、臨済院の前で、こっそり菜っ葉をかじっている。これを見つけた臨済との問答。『祖堂集』十七、『伝灯録』十、『趙州録』などにもみえる。古くより知られた一段で、すこぶる評判がたかい。

**一五**　一日普化《ふけ》、僧堂の前に在りて生菜《さんさい》を喫す。師見て云く、大いに一頭の驢《ろ》に似たり。普化便ち驢鳴《ろめい》を作《な》す。師云く、者《こ》の賊。普化云く、賊賊。便ち出で去る。

一日普化。在僧堂前喫生菜。師見云。大似一頭驢。普化便作驢鳴。師云。者賊。普化云。賊賊。便出去。

## 本もののロバ

ある日、普化は臨済僧堂の正面で、生野菜[*1]をくっていた。師匠が見つけていう、「まるで本もののロバだ」

普化はすかさず、ロバの鳴き声をする。[*2] 師匠、「この悪党め」[*3] 普化はいう、「悪党だとも、悪党だとも」。そういって、出てゆく。

＊1〈生野菜〉熟菜に対していう語。

＊2〈ロバの鳴き声を〉中国では、オノマトペが発達せず、動詞で区別する場合が多い。馬が嘶《いなな》く、竜が吟ずる、雀が噪《さわ》ぐ、獅子が吼《ほ》えるなど。鳴くのは、家畜だろう。

＊3〈この悪党め〉『趙州録』では、ここで「臨済便ち休し去る、普化云く、臨済の小廝児、只《た》だ一隻眼を具す」とあり、趙州がこれに代わって、「但《た》だ本分の草料を与えよ」といったとする。

普化の話としては、入滅のそれにあわせて、あまねく知られる一段。『祖堂集』十七、『伝灯録』十にも収める。人々は、普化の鈴の音に魅了されつづけて、今日に至る。『大唐西域記』によると、杖の先に鈴をつけて、街路のまんなかを行くのは、インドにおける闡《せん》提《だい》の特殊な、作法である。

一六　因《ちなみ》に普化《ふけ》常に街市に於て、鈴を揺《ゆりうごか》して云く、明頭《みょうとう》に来れば明頭に打し、暗頭《あんとう》に来れば暗頭に打す。四方八面に来れば旋風に打し、虚空に来れば連架に打す。師、侍者を去らしめ、纔《わず》かに是の如く道《い》うを見て、便ち把住《はじゅう》して云わしむ、摠《そう》に与麽《よも》に来らざる時如何。普化托開《たっかい》して云く、来日大悲院裏《だいひいんり》に斎有り。侍者回《かえ》りて師に挙似《こじ》す。師云く、我れ従来、者《こ》の漢を疑著《ぎじゃく》す。

因普化常於街市揺鈴云。明頭来明頭打。暗頭来暗頭打。四方八面来旋風打。虚空来連架打。師令侍者去。纔見如是道。便把住云。摠不与麽来時如何。普化托開云。来日大悲院裏有斎。侍者回挙似師。師云。我従来疑著者漢。

## 普化の鈴

そのころ、普化はいつも町のなかで、鈴をふって歌っていた、「明るい朝が来れば、[1]明るい朝次第、暗い晩が来れば、暗い晩次第、四方八方から来れば、つむじ風のよう、大空いっぱいに来れば、からざお方式[2]でやっつける」

師匠はそばつきの僧をやって、普化がそう歌うのを見つけ次第、すぐに（胸ぐらを）ひっつかんで、「ぜんぜんどんなふうにも来ないときは[3]、どうする」といわせた。

普化は僧をつきとばした、「あしたは、大悲院[4]でおときがあるんだ」

そばつきの僧は、もどってきて報告した。

師匠、「おれは前々から[5]、こいつくさいとにらんでいたのだ」

＊1〈明るい朝が来れば…〉「明頭」と「暗頭」は難解だが、さいごに、「どんなふうにも来ないとき」というのに合わせて、副詞的に解する。『祖堂集』は、明暗を朝と夜の意とするから解しやすいが、今は四方八方および大空の四つに区別するので、天上に明暗の去来する様子をいうのではないか。天空そのものは、明でも暗でもない。『六祖壇経』の三十六対の段、および『神会録』に、「明暗は自から来去するも、虚空は本より動静無し、煩悩と菩提もその義また然り」というのが、参考となる。
＊2〈からざお方式〉続けざまに反覆連打するやり方。からざおは、麦や豆を打って脱穀する道具。
＊3〈ぜんぜんどんなふうにも来ない〉内側より開く以外に、外からは開けようのない開け方。
＊4〈大悲院〉鎮州にあった小院。施薬院、または悲田院か。
＊5〈おれは前々から…〉相手をほめる言葉。ガンをつけること。疑うのは、眼ぼしをつけること。

普化入滅の一段。『臨済録』は、この一段があることによって、精彩をはなつ。仰山が、〔八〕でこのことあるを予言しているのと照応して、『臨済録』には、細かいシナリオの計算がある。普化と別れた臨済は、影のない禅僧となる。

一七　普化《ふけ》一日、街市の中に於て、人に就いて直裰《じきとつ》を乞《こ》う。人皆な之《これ》を与う。普化倶《とも》に要せず。師、院主《いんじゅ》に棺一具《かんいちぐ》を買わしむ。普化帰り来る。師云く、我れ汝が与《た》めに、箇の直裰を做《つく》り得了《えおわ》れり。普化便ち自から担《にな》い去る。街市を繞《めぐ》って、叫んで云く、臨済、我が与めに直裰を做り了れり。我れ東門に往《ゆ》いて、遷化《せんげ》し去らん。市人競い随《したが》って之を看《み》る。普化云く、我れ今日は未《いま》だし、来日南門に往いて遷化し去らん。是《かく》の如くなること三日、人已《すで》に信ぜず。第四日に至りて、人の随い看るもの無し。独り城外に出でて、自から棺内に入り、路行の人を倩《やと》うて、之に釘《くぎ》うたしむ。即時に伝布《でんぷ》す。市人競い往く。棺を開けば乃ち見る、全身脱去《だっこ》し、秖《た》だ聞く空中に鈴の響くあり、隠隠として去るを。

普化一日。於街市中。就人乞直裰。人皆与之。普化俱不要。師令院主買棺一具。普化帰来。師云。我与汝做得箇直裰了也。普化便自担去。繞街市叫云。臨済与我做直裰了也。我往東門遷化去。市人競随看之。普化云。我今日未。来日往南門遷化去。如是三日。人已不信。至第四日。無人随看。独出城外。自入棺内。倩路行人釘之。即時伝布。市人競往。開棺乃見。全身脱去。秖聞空中鈴響。隠隠而去。

**普化の別れ**

普化はある日、町の大通りで、人々に僧服[*1]をねだっていた。人々はみなそれをくれたが、普化はどれも受け取らない。

師匠は事務長に、棺おけを一そろい買わせた。普化が、かえってきた。師匠、「わしがお前に僧服をくれてやったぞ」

普化はよろこんで、それをかついでゆく。町々をふれてまわって叫んだ、「臨済がおれに、僧服をつくってくれたわい。おれは東の門に行って、皆におさらばする」

町の人々は、先をあらそって後を追う。

普化、「おれ、きょうはまだダメだ。[*2] あした、南の門にいって、おさらばする」

こうして三日すると、人はもう全く信じない。四日めになって、後をつけるものはいない。ひとりで町の外に出ると、自分で棺の中に入り、通行の人にたのんで、釘をうってもらった。たちまち話が広がる。町の人々は、先をあらそって集まる。棺をあけてみると、すでに身ぐるみ消えていた。[*3]

＊1〈僧服〉直裰は、上下一枚つづきになった、正式の僧衣。普化は一生、僧衣をつけなかったらしい。入滅時、授戒である。

＊2〈きょうはまだダメだ〉『伝灯録』は「今日葬不合青烏」とする。今日は日が悪いというのである。

＊3〈すでに身ぐるみ消えていた〉『祖堂集』、『伝灯録』、流布本の語録など、テキストはそれぞれ異なる。時代の好みだろう。

ひとくせありげな、年長の僧の来訪。さすがの臨済も、わが身のくせをおもい知る、あわせ鏡である。

八　有《あ》る一老宿、師に参ず。未だ曾《かつ》て人事《じんじ》せずして、便ち問う、礼拝するが即ち是か、礼拝せざるが即ち是か。師便ち喝す。老宿便ち礼拝す。師云く、好箇《こうこ》の草賊《そうぞく》。老宿云く、賊賊。便ち出で去る。師云く、無事と道《おも》うこと莫《な》くんば好《よ》し。首座侍立《しゅそじりゅう》する次《つい》で、師云く、還《ま》た過《とが》有りしか。首座云く、有り。師云く、賓家《ひんけ》に過有るか、主家に過有るか。首座云く、二《ふた》り倶《とも》に過有り。師云く、過、什麼《いずれ》の処にか在る。首座便ち出で去る。師云く、無事と道《おも》うこと莫くんば好し。

後に有る僧、南泉に挙似《こじ》す。南泉云く、官馬相《あ》い踏む。

有一老宿参師。未曾人事便問。礼拝即是。不礼拝即是。師便喝。老宿便礼拝。師云。好箇草賊。老宿云。賊賊。便出去。師云。莫道無事好。首座侍立次。師云。還有過也無。首座云。有。師云。賓家有過。主家有過。首座云。二倶有過。師云。過在什麼処。首座便出去。師云。莫道無事好。後有僧挙似南泉。南泉云。官馬相踏。

**何事もなかったと思わねばよいが**

ある年長の僧が[*1]師匠におめどおりした。およそあいさつの品物[*2]も出さず、いきなりたずねた、「礼拝したものか、[*3]礼拝せぬものか」

師匠はたちまち、どなりつけた。年長の僧は、すぐに礼拝する。

師匠、「みごとな悪党だナ」

年長の僧、「悪党だとも、悪党だとも」

さっさと出てゆくのに向かって、師匠、「何事もなくてよかったと思うなよ」[*4]

内輪の古参の僧が、ずっとそばにひかえていた。

師匠、「そそうがあったかナ」

古参の僧、「ございました」

師匠、「客のそそうか、主人のそそうか」

古参の僧、「双方ともにそそうがありました」

師匠、「（わしの）そそうはどこにあったのか」

古参の僧は、さっさと出てゆく。師匠、「何事もなくてよかったと思うなよ」

あとで、ある僧が南泉[*5]に報告した。南泉、「まるで国営の、[*6]イチャモン競馬だナ」

＊1〈年長の僧〉すでに一家をなして、自信過剰である人。
＊2〈あいさつ〉「人事」は、すでに㈠にみえる。
＊3〈礼拝したものか…〉仏と仏との、初対面である。礼拝するのが本当かどうか。
＊4〈何事もなくて…〉仏法を甘くみるなよ。

＊5〈南泉〉馬祖の弟子、南泉普願（七四八〜八三五）。安徽の池州南泉山にいた。『祖堂集』十六に、別のテキストがある。

＊6〈まるで国営の…〉官ゆえに、もの言いがつく。さすがによりぬきの名馬だが、型にはまっているという見方。場合によると、インチキも。

古来、「四料簡《りょうけん》」とよばれる一段。四つの分類という意味である。奪は、おそらく肯定的なことばで、人と境に、どういう内容をもたせるか、無限の応用が可能となる。地方政権のボスにとって、土地と人間は、権力のすべてで、その収奪は中央政府次第だが、今はある夜の臨済の、ふとした感懐とみておく。臨済みずから権力者気分だが、これをもって臨済のすべてとするのは、よろしくないであろう。

一九　晩参《ばんさん》。衆に示して云く、有る時は奪人《だつにん》不《ふ》奪境《だつきょう》、有る時は奪境不奪人、有る時は人境俱奪《ぐだつ》、有る時は人境俱不奪。

時に有る僧問う、如何なるか是れ奪人不奪境。師云く、煦日発生《くにちほっしょう》して地に鋪《し》く錦、嬰孩《ようがい》垂髪して白きこと糸《いと》の如し。云く、如何なるか是れ奪境不奪人。師云く、王令已《すで》に行われて天下に徧《あまね》し、将軍塞外《さいがい》に烟塵《えんじん》を絶つ。云く、如何なるか是れ人境両俱奪。師云く、并汾《へいふん》、信《しん》を絶って、独り一方に処《お》る。云く、如何なるか是れ人境俱不奪。師云く、王は宝殿に登り、野老《やろう》は謳歌《おうか》す。

晩参。示衆云。有時奪人不奪境。有時奪境不奪人。有時人境倶奪。有時人境倶不奪。時有僧問。如何是奪人不奪境。師云。煦日発生鋪地錦。瓔孩垂髪白如糸。云。如何是奪境不奪人。師云。王令已行天下徧。将軍塞外絶烟塵。云。如何是人境両倶奪。師云。并汾絶信独処一方。云。如何是人境倶不奪。師云。王登宝殿。野老謳歌。

## 四つの場合

夜の説法で[*1]、（師匠は）人々におしえた、「ある場合は、[*2]（わしは）人質をとって、土地をとらない。ある場合は、土地をとって、人質をとらない。ある場合は、人質も土地も、ともにとる。ある場合は、人質も土地も、ともにとらない」

そのとき、ある僧[*3]がたずねた、「どういうのが人質をとって土地をとらない場合ですか」

師匠、「春の日がもえて、[*4]錦を大地に[*5]くりひろげ、ちのみごは、髪をたらして白糸のようだ」

僧、「どういうのが、土地をとって人質をとらないのですか」

師匠、「中央の政令は、[*6]全土にゆきわたり、将軍は国境の外にいて、戦火のかげもない」

僧、「どういうのが、人質も土地もともにとるのですか」

師匠、「并州と汾州とが[*7]朝貢を拒んで、自から辺境に孤立した場合」
僧、「どういうのが、人質も土地もともにとらないのですか」
師匠、「国王は宝殿にのぼり、[*8]農夫が太平をうたう」

＊1〈夜の説法〉朝の説法に対していう。夜の説法は、いわゆる内輪の集会で、任意に行われ、特別の事情による。
＊2〈ある場合は〉主語は、臨済その人。
＊3〈ある僧〉『伝灯録』十二は、涿州《たくしゅう》紙衣《しえ》和尚とする。臨済の弟子である。
＊4〈春の日がもえて〉「煦日発生」は、詩語。
＊5〈錦を大地に…〉『武備志』に、敵を生擒する道具として、鋪地錦の図がある。相手をおびきよせ、落とし穴にはめて、生けどりにするもの。また、ちのみごは、人質にとらず、土地にのこすこと。『楞伽経』にも、非有なるものの例として、春時の炎《かげろう》、火輪、垂髪、乾闥婆《けんだつば》城、幻夢、鏡像をあげる。いずれも、幻覚である。
＊6〈中央の政令は…〉全土が、王権の統一に帰するところ。
＊7〈并州と汾州とが…〉并州と汾州は、今日の山西省中部に位置し（太原・汾陽両市）、唐代にはこの地の長官が中央政府に背いて、朝貢を拒否したことがある。今は、人質も土地も手に入れる、地方政権の実力。
＊8〈国王は宝殿にのぼり…〉泰平無事で、泰平無事の感さえもない、徹底的理想の姿。

鎮州は、兵馬倥偬《こうそう》の間にあった。これは、ある日の軍営でのできごとである。内容的には、『祖堂集』石頭の章の問答が参考となる。

三〇 師因《ちなみ》に軍営に入りて斎《さい》に赴《おもむ》く。門首《もんしゅ》に員僚《いんりょう》を見る。師、露柱《ろちゅう》を指ざして問う、是れ凡か是れ聖か。員僚無語《むご》。師、露柱《ろちゅう》を打って云く、直饒《たと》い道《い》い得るも也《ま》た、秖《た》だ是れ箇《こ》の木橛《もくけつ》。便《すなわ》ち入り去る。

師因入軍営赴斎。門首見員僚。師指露柱問。是凡是聖。員僚無語。師打露柱云。直饒道得也。秖是箇木橛。便入去。

丸木の柱

師匠は、あるとき鎮軍の兵舎に、食事の供養[*1]をうけに行かれた。門の入口に幕僚が立っている。師匠は丸木の柱[*2]を指ざしてたずねる、「凡夫だろうか、聖者だろうか」幕僚は無言である。師匠は丸木の柱をたたいた、「何とほめたところで、[*3]結句は棒杭《ぼうぐい》だナ」

そういって、中に入ってゆかれた。

＊1〈食事の供養〉すでに〔三〕にみえる。

＊2〈丸木の柱〉風雨に晒《さら》されて立つ柱。臨済はそんな柱に、「お疲れさん」と声をかける。『祖堂集』四の石頭章に、次のようにある。

ある僧がたずねる、どういうところが西より来た祖師の心ですか。

「丸木柱にたずねよ」

「何のことか判らん」

「俺のほうがもっと判らん」。立っているだけである。

＊3〈何とほめたところで…〉丸木の柱にことよせて、無言の幕僚をいたわる言葉。丸柱は成仏するが、幕僚はいま一つ。

もちごめの売りつけに際して、寺の事務長、および給食係とのやりとり。かれらは、農作物の豊凶や、米価の上下する世界に生きている。臨済は、それらの動きをふっ切ったところを、見せようとする。

## 三

師、院主《いんじゅ》に問う、什麽《いずれ》の処よりか来る。主云く、州中に黄米《おうまい》を糶《う》り去り来る。師云く、糶り得尽くすか。主云く、糶り得尽くす。師、杖を以て面前に画一画《かくいっかく》して云く、還《ま》た者《しゃ》箇《こ》を糶り得んや。主便ち喝す。師便ち打つ。

典座《てんぞ》至る。師、前話《ぜんな》を挙《こ》す。典座云く、院主は和尚の意を会《え》せず。師云く、你《なんじ》作麼《そも》生《さん》。典座便ち礼拝す。師亦た打つ。

師問院主。什麼処来。主云。州中糶黄米去来。師云。糶得尽麼。主云。糶得尽。師以杖面前画一画云。還糶得者箇麼。主便喝。師便打。典座至。師挙前話。典座云。院主不会和尚意。師云。你作麼生。典座便礼拝。師亦打。

## もち米

師匠は寺の事務長[*1]にたずねられた、「どこに行ってきた」
長、「町に行って、もち米を売りつけて[*2]おりました」
師匠、「売り切ったか」
長、「売り切りました」
師匠は、杖で目の前に何かの形を書く、「こいつを売りつくせる[*3]かナ」
長は（まってましたと）どなる。師匠はたちまち、なぐりつけた。
給食係[*4]がやって来た。師匠はさきほどのことを話す。
給食係、「事務長には、師匠の意図がとどきません」
師匠、「お前はどうだ」

給食係はおじぎする。師匠は、今度もなぐりつけた。

＊1〈寺の事務長〉監事ともいう、寺院経済の最高責任者。
＊2〈売りつけ〉「糶」は、唐代農政用語の一つ。豊年に政府が米を買収して貯え、凶年に安く売り出す制度により、農民の側からの売りつけを糶、政府の側からの買いつけを糴といった。
＊3〈こいつ〉具体的には杖で書いた形。臨済の仏法。固定化できぬものを指す。
＊4〈給食係〉禅院三役の一。〔七〕の飯たきの上司に当たる。

仏教学者の「座主」は、三乗十二分教の専門家である。専門家は研究対象を限定して、その領域の不明を残さぬ。かれは自分の限界を知って、他の専門家の領域を尊重する。専門をもたぬ禅者は、うっかりすると、専門をもたぬ専門家に堕しやすい。

三　有る座主《ざす》来り、相看《しょうかん》する次で、師問う、座主、何の経論をか講ずる。主云く、某甲《それがし》荒虚《こうきょ》、粗《ほ》ぼ百法論を習う。師云く、有《あ》る一人は三乗十二分教《さんじょうじゅうにぶんぎょう》を明得《めいとく》し、有る一人は三乗十二分教を明不得《めいふとく》なり。是れ同か是れ別か。主云く、明得することは即ち同じ、明不得なることは即ち別なり。

楽普《らくほ》、侍者と為《な》り、師の後《しりえ》に在りて立ち、云く、座主、者裏《しゃり》是れ什麼《なん》の所在としてか、同と説き別と説く。師、首《こうべ》を回《かえ》して侍者に問う、汝又た作麼生《そもさん》。侍者便《すなわ》ち喝す。師、座主を送る。回《かえ》り来って遂に侍者に問う、適来《せきらい》は是れ汝、老僧を喝せしか。侍者云く、是。師便ち打つ。

有座主来相看次。師問。座主。講何経論。主云。某甲荒虚。粗習百法論。師云。有一人於三乗十二分教明得。有一人於三乗十二分教明不得。是同是別。主云。明得即同。明不得即別。楽普為侍者。在師後立云。座主。者裏是什麼所在。説同説別。師回首。問侍者。汝又作麼生。侍者便喝。師送座主。回来遂問侍者。適来是汝喝老僧。侍者云。是。師便打。

## 三つの方法と十二種の経典

仏教学者[*1]が来て、おめどおりした。師匠、「学者《そなた》はどういう経論を、研究しておられる」

学者、「ふつつかながら、『百法論』[*2]を研究しています」

師匠、「ある男は三つの方法と、十二種の経典[*3]に通じている、ある男は三つの方法と、十二種の経典に通じていない、(君は)同じか、違うか」

学者、「通じているところは同じですが、通じていないところが違います」

そのとき、楽普[*4]がそばつき役で、師匠の後にひかえていて、口をはさんだ、「学者《そなた》は、ここがどこだとおもって、同じとか違うとかいわれる」

師匠はふりかえって、そばつき役にたずねた、「お前はどうだ」

そばつきの僧は、すぐにどなりつけた。師匠は、学者を送り出して、かえってくるやいなや、そばつきの僧にたずねた、「さきほど、お前は老僧《わし》をどなりつけたのか」

そばつきの僧、「そうです」

師匠はすかさず、なぐりつけた。

＊1〈仏教学者〉禅より他派の僧をよぶ語。
＊2〈『百法論』〉唯識法相《ゆいしきほっそう》宗の根本聖典、世親の『大乗百法明門論』。現象を構成する百種の要素について説く。
＊3〈三つの方法と、十二種の経典〉仏典の研究方法三つと、そのテキスト九つ。三乗は、声聞《しょうもん》（ブッダの弟子たち）、縁覚《えんがく》（弟子以外の仏教者）、菩薩（利他を先とする修行者）。十二分教は、説法、偈文、授記、賛頌《さんじゅ》、独語、聞き書き、解説、物語り、奥義の九つに、縁起、譬喩、注釈の三つを加える、仏経の形式的な分類を指す。
＊4〈楽普〉洛浦、または落浦とも書く。のちに夾山善会《かっさんぜんね》に嗣《つ》いで、湖南の澧《れい》州楽普山および蘇渓山にいた元安（八三四～八九八）をいう。『祖堂集』九、『伝灯録』十六、『宋高僧伝』十二。

当代に相い対決すべき、運命の二人である。侍者を介してのやりとりだが、徳山の棒、臨済の喝とよばれる両者の家風は、見事によみとれる。一喝の用をなさぬ、臨済の出方がおもしろい。『祖堂集』十九、『伝灯録』十五にも収める。流布本は、徳山との問答をもう一つ伝えるが、本書ではここで打ち切るのも、心にくい。

三　師聞く、第二代徳山垂示《とくざんすいじ》して云く、道い《い》得るも也《ま》た三十棒、道い得ざるも也た三十棒と。師、楽普《らくほ》をして去って問わしむ、道い得るに、什麼《なん》と為《し》てか也た三十棒なると。伊《かれ》汝を打たんを待ちて、棒を接住《せつじゅう》して送一送《そういっそう》して、他《かれ》の作麼生《そもさん》するかを看《み》よ。普、彼に到って教《おしえ》の如くにして問う。徳山便《すなわ》ち打つ。普接住して、送一送す。徳山便ち方丈に帰る。普回りて《かえ》師に挙似《こじ》す。師云く、我れ従来者《こ》の漢を疑著《ぎじゃく》す。是《かく》の如しと須然《いえど》も、汝還《ま》た徳山を見るや。普擬議《ぎぎ》す。師便ち打つ。

師聞。第二代徳山垂示云。道得也三十棒。道不得也三十棒。師令楽普去問。道得。為什麼也三十棒。待伊打汝。接住棒送一送。看他作麼生。普到彼。如教而問。徳山便打。普接住送一送。徳山便帰方丈。普回挙似師。師云。我従来疑著者漢。須然如是。汝還見徳山麼。普擬議。師便打。

**答えても三十棒、答えんでも三十棒**

師匠はこういうことを耳にした、第二代の徳山[*1]が説法して、「(俺は)答えても三十棒[*2]、答えんでも三十棒じゃ」といっている。

師匠は、楽普に言いふくめて問わせた[*3]、「『答えたのに、どうして三十棒です』ときいて、奴がお前を打ってくるのを待って、棒をひとおしにおしかえし、奴がどうでるか見とどけろ」

楽普は徳山につくと、教えられたとおりにした。徳山はすかさず棒で打つ。楽普はうけとめて、ひとおしにおしかえす。徳山はさっさと、居室に引きあげた。

楽普は、かえってきて、師匠に報告した。

師匠、「おれは前から、こいつくさいとにらんでいたんだ[*4]。ところで、お前はいったい徳山が見えたのか」[*5]

楽普は、何か答えようとする。師匠は、なぐりつけた。

＊1〈第二代の徳山〉湖南、朗州徳山古徳禅院の、二代目の祖に当る宣鑑（七八二?～八六五）をいう。開山は、のちに潭州三角山に移った総印で、この人は馬祖の弟子だが、宣鑑は、石頭―天皇―竜潭―宣鑑と次第する。『祖堂集』五に詳しい。

＊2〈答えても…〉仏法を言葉で表わす。三十棒は必ずしも実数でない。

＊3〈楽普〉〔三〕にみえる。

＊4〈こいつくさいと…〉すでに〔六〕にみえる。

＊5〈徳山が見えたのか〉臨済に教えられたとおり、正直に行動しただけで、臨済自体が見えてない。

以下、府主王常侍との因縁がつづく。臨済の活動は、この人の支持に負うところが大きい。今はまず、そんな王氏を介しての、麻浴との出会いである。八面六臂《ろっぴ》の活劇が、展開される。

**二四** 師因《ちなみ》に一日、河《か》府に到る。府主《ふす》王常侍、師を請じて陞座《しんぞ》せしむ。時に麻浴《まよく》出でて問う、大《だい》悲《ひ》千手眼《せんじゅげん》、那箇《なこ》か是れ正眼《しょうげん》。師云く、大悲千手眼、那箇か是れ正眼。速やかに道《い》え、速やかに道え。麻浴、師を拽《ひ》いて、座を下らしめ、麻浴却って坐す。師近前して云く、不審《ふしん》。麻浴擬議《ぎぎ》す。師亦た麻浴を拽いて、座を下らしめ、師却って坐す。麻浴便《すなわ》ち出で去る。師便ち座を下る。

師因一日到河府。府主王常侍。請師陞座。時麻浴出問。大悲千手眼。那箇是正眼。師云。大悲千手眼。那箇是正眼。速道速道。麻浴拽師下座。麻浴却座。師近前云。不審。麻浴擬議。師亦拽麻浴下座。師却座。麻浴便出去。師便下座。

## 千の手と千の顔

師匠はある日、河陽府[*1]の役所にやって来られた。領主[*2]の王侍従[*3]は、師匠を説法の席につかせた。[*4] すると麻浴《まよく》[*5]が進み出てたずねた、「偉大なる慈悲の権化、[*6]千の手と千の顔をもつ観音さま。どこが正面[*7]でござる」

師匠、「偉大なる慈悲の権化、千の手と千の顔をもつ観音さま。どこが正面でござる、さあ答えよ、さあ答えよ」

麻浴は、師匠を引きずって席からおろし、自分のほうが坐る。師匠は、正面にすすみ寄った、「こんにちは」[*8]

麻浴は、何か答えようとする。師匠も、（同じように）麻浴を引っぱって、席からおろし、自分のほうがそこに坐る。麻浴は、さっさと部屋を出てゆく。師匠もすぐ、席をたたれた。

＊1〈河陽府〉府は唐代の大州で、河北は、河陽とよばれたことがある。

＊2〈領主〉「府主」は、公式の名でない。部下がその上司をよぶ俗称、お殿さま。

＊3〈王侍従〉当時、河朔《かさく》三鎮の一つを領していた、王氏の一族。おそらくは、王紹懿《しょうい》（〜八六六）である。宋代のテキストが、潙山につぐ襄《じょう》州王敬初とするのは、三鎮の評価が変わったためである。原文「常侍」は散騎常侍のことだが、これも公式のものではなくて、一種の俗称となっている。

＊4〈説法の席につかせた〉地方のボスが、禅僧を請じて説法させる、上堂の儀式。

＊5〈麻浴〉山西、蒲《ほ》州麻浴山の住僧。「浴」は「谷《よく》」とも書く。名は不明。馬祖の弟子宝徹とする説もあるが、臨済は説法の中で、馬祖とならぶ先輩としている（178、186ページ）から、同時代の人ではない。

＊6〈偉大なる慈悲の権化…〉千手観音は、密教の本尊で、不空訳の『千手千眼観世音菩薩大悲心陀羅尼《だらに》経』に詳しい。禅院でも本尊にまつり、その陀羅尼をよむのが一般である。今は臨済を、慈悲の権化にみたてる。
＊7〈正面〉千の顔が、一つ一つみな正面である。
＊8〈こんにちは〉禅者が出会ったとき、互いに交わす、あいさつの言葉。インド以来のもの。

鎮州の実力者、王氏との問答。臨済も、権力者には心しているようである。『祖堂集』七の雪峰の章や、法眼の語録にも、この問答の一部が伝えられて、一種の臨済評価として、古くより問題であったらしい。

二五　常侍《じょうじ》一日、師を訪《と》う。師と同《とも》に僧堂前に看《み》て、乃《すなわ》ち問う、者《こ》の一堂の僧、還《ま》た経を看《よ》むや。師云く、経を看まず。侍云く、還た禅を学ぶや。師云く、禅を学ばず。侍云く、経も又た看まず、禅も又た学ばず。畢竟《ひっきょう》、箇《こ》の什麽《なに》をか作《な》す。師云く、摠《そう》に伊《かれ》を成仏《じょうぶつ》作祖《さそ》し去らしむ。侍云く、金屑《きんせつ》貴しと雖も、眼《まなこ》に落ちて翳《えい》と成る、又た作麽生《そもさん》。師云く、将《まさ》に謂《おも》えり你《なんじ》は是れ箇の俗漢と。

常侍一日訪師。同師於僧堂前看。乃問。者一堂僧。還看経麼。師云。不看経。侍云。還学禅麼。

師云。不学禅。侍云。経又不看。禅又不学。畢竟作箇什麼。師云。揔教伊成仏作祖去。侍云。金屑雖貴。落眼成翳。又作麼生。師云。将謂你是箇俗漢。

**黄金の粉**

侍従はある日、師匠を訪ねた。師匠と僧堂の前で、（ばったり）出会って、こうたずねる、「この御堂いっぱいの坊さまは、お経を読みますか」

師匠、「経を読むことはない」

侍従、「禅を修行するか」

師匠、「禅を修行することはない」

侍従、「お経も読まない、禅も修行しないで、いったいどうする」

師匠、「ずばり、かれらを仏にならせ、祖師とならせる」[*1]

侍従、「黄金の粉は高貴でも、眼に入れば病いになるのを、どうなされる」[*2]

師匠、「てっきり貴下は、俗人とばかり思っていましたがね」[*3]

＊1〈ずばり、かれらを…〉ブッダや祖師になるというのは、臨済にとって禁句のはずだ。

＊2〈黄金の粉は…〉当時の諺。白楽天と興善惟寛の問答にもみえる。アーサー・ウェイリー『白楽天』（花房英樹訳、二一八ページ）、また、『祖堂集』十六の南泉の章参照。

＊3〈てっきり貴下は…〉相手をほめる言葉。従来考えていたのと、丸きりちがうのに驚きをあらわす。後半が、略されている。

流布本では、開巻劈頭《へきとう》におかれる、もっとも大切な一段。宋代の例になぞらえて、臨済院の開堂とみたのである。河北に来た臨済が、天下の臨済となる所以《ゆえん》を示す。この人の家風を、あますところなく伝えている。

二六

常侍《じょうじ》、諸官と師を請《しょう》じて陞座《しんぞ》せしむ。師陞座して云く、山僧今日《さんぞうこんにち》、事已《じゃ》むことを獲《え》ず、曲げて人情に順《したが》って、方《はじめ》て此の座に登る。若《も》し祖宗《そしゅう》門下に約して、大事を称揚《しょうよう》せば、直《た》だ是れ開口不得《かいくふとく》。你《なんじ》が足を措《お》く処無からん。山僧此の日、常侍の堅く請ずるを以て、那《なん》ぞ綱宗《こうじゅう》を隠さん。還《ま》た作家《さっけ》の戦将有りや。直下《じきげ》に陣を展《の》べ、旗を開いて、衆《しゅ》に対して、証拠し看《み》よ。

時に有る僧問う、如何なるか是れ仏法の大意。師便《すなわ》ち喝《かつ》す。僧礼拝す。師云く、者《こ》箇の師僧、却って持論するに堪えたり。

問う、師は誰が家の曲をか唱え、宗風を阿誰《あた》にか嗣《つ》ぐ。師云く、我れ黄檗《おうばく》の処に在りて、三度問を発して三度打たる。僧擬議《ぎぎ》す。師便ち喝し、随後《ずいご》に打って云く、虚空裏《こくうり》に向かって釘橛《ちょうけつ》し去る可《べ》からず。

有る座主《ざす》問う、三乗十二分教、豈《あ》に是れ仏性を明かすにあらずや。師云く、荒草《こうそう》曾《かつ》て鋤《す》かず。主云く、仏豈に人を賺《すか》さんや。師云く、仏什麼《いずれ》の処にか在る。主無語《むご》。師云く、常侍の前に対して、老僧を謾《まん》ぜんと擬《ぎ》す。速退《しったい》速退、他の別人の請問《しんもん》を妨ぐ。

復《ま》た云く、此の日の法筵《ほうえん》、一大事の為めの故なり。更に問話《もんな》の者有りや。速やかに問を致し来れ。你《なんじ》纔《わず》かに口を開けば、早《すで》に勿交渉《もっきょうしょう》なり。何を以てか此の如《かく》くなる。見ずや釈尊云く、法は文字を離る、因に属せず縁に在らざるが故にと。你が信不及《しんふぎゅう》なるが為めに、所以《ゆえ》に今日葛藤《かっとう》す。恐らくは常侍と諸官員とを滞《たい》して、他の仏性を昧《くら》まさん。如《し》かず且《しば》らく退かんには。喝一喝して云く、少信根《しょうしんごん》の人、終《つい》に了日無《りょうじつな》からん。久立《きゅうりゅう》珍重《ちんちょう》。

常侍与諸官。請師陞座。師陞座云。山僧今日。事不獲已。曲順人情。方登此座。若約祖宗門下。称揚大事。直是開口不得。無你措足処。山僧此日。以常侍堅請。那隠綱宗。還有作家戦将。直下展陣開旗。対衆証拠看。時有僧問。如何是仏法大意。師便喝。僧礼拝。師云。者箇師僧。却堪持論。問。師唱誰家曲。宗風嗣阿誰。師云。我在黄檗処。三度発問。三度被打。僧擬議。師便喝。随後打云。不可向虚空裏釘橛去也。

有座主問。三乗十二分教。豈不是明仏性也。師云。荒草不曾鋤。主云。仏豈賺人也。師云。仏在什麼処。主無語。師云。対常侍前。擬謾老僧。速退速退。妨他別人請問。

復云。此日法筵。為一大事故。更有問話者麼。速致問来。你纔開口。早勿交渉也。何以如此。不見釈尊云。法離文字。不属因不在縁故。為你信不及。所以今日葛藤。恐滞常侍与諸官員。昧他仏性。不如且退。喝一喝云。少信根人。終無了日。久立珍重。

## 世間のおきて

王侍従と（鎮州の）役人たちが、師匠を説法の席につかせた。師匠は、説法の席につく、「山法師《わたし》*1は今、よんどころなく、*2世間のおきてによって、この席についた。もし祖師禅の弟子として、根本義*3を宣揚するなら、ぜんぜんものがいえぬ。諸君がそこに立っている、場所もあるまい。山法師は今日、侍従の強い要請ゆえ、何で奥の手を隠そう。腕におぼえの大将*4はおらんか。即座に陣をはり、旗さしものをくりひろげて、みなの衆の前に、それを実験してみられよ」

そのとき、ある僧がたずねた、「どういうところが、仏法の確かな相手ですか」

師匠はすかさず、大声でどなりつけた。僧はおじぎする。

師匠、「この御坊、なかなか話がわかる」

質問*5、「師匠は、何派の曲をうたい*6、家風は誰をつぐのです」

師匠、「わしは黄檗のもとで、三べん質問して、三べんなぐられた」

僧は、何か答えようとする。師匠はすぐさま、どなりつけ、間もおかずに、なぐりつけた、「空中に杭*7をうちこむことはできぬ」

ある学者[*8]がたずねた、「三つの方法と十二種の経は、すべて仏性を説いたものではないのか」

師匠、「生え放しの草原だ、[*9]およそ鋤《すき》が入らん」

学者、「仏が人をだますものか」

師匠、「仏はどこにいられる」

学者は無言。

師匠、「侍従の御前で、老僧《わし》をコケにする気か。さっさとさがれ、さっさとさがれ。あとの質問のじゃまだ」

さらに、言葉をついで、「今日の集会は、仏法の根本義のためだ。ほかにたずねたいことはないか。さっさと質問しなされ。君たちが口を出すやいなや、もう（この席と）関わりはないぞ。どうしてかといえば、知ってのとおり、釈尊もおっしゃる、『真理は言語表現を離れている、[*10]原因に属しないし、条件にもかかわらぬゆえだ』と。君たちの信心が足りぬ[*11]ため、（わしも）きょうはもたついた。侍従とお役人方にめいわくをかけて、各位の仏性をくもらせぬかと心配だ。もうこれくらいでよかろう」

大きく一声どなって、「不信心の奴は、けりがつくまい、ごたいくつさま」

＊1〈山法師〉礼節をわきまえぬ、深山の僧という自負を示す。臨済に先立って、『証道歌』や『潙山警

策』にもみえる。当時の禅僧の、誇りたかい自称。

＊2〈よんどころなく〉『摩訶止観』七下にいう、「仏に本願あり、衆をして皆な我が如くならしめん、豈《あ》に大乗を惜しまんや、事已むことを獲ず、逗機対治し、道を助け門を開く」

＊3〈根本義〉『法華経』方便品にいう、一大事因縁。『六祖壇経』では、祖師禅を指す。仰山恵寂の上堂をふまえるか。

＊4〈腕におぼえの…〉武人社会の空気に合わせていう。

＊5〈質問〉問者は一段ごとに別である。

＊6〈何派の曲を…〉楽師の系図によせて、禅の法系をたずねるもの。楽曲の伝授は、秘伝である。王者をほめる句。禅者にその法系をたずねる風習は、則天武后が神秀に、所伝の法は誰家の宗旨かと問うたのを最初とする。

＊7〈空中に杭を…〉あなたの法系などという大それた質問は、とてもおまえにできるものでない。相手をたたきつけるときの慣用句。『伝灯録』十の茱萸和尚の章にもみえる。

＊8〈ある学者〉すでに〔三〕にみえる。「三つの方法と十二種の経は…」も同じ。

＊9〈生え放しの草原だ…〉万人の本性、心の大地に、三つの方法と十二種の経などいう、区画整理は無用である。相手が学問をひけらかすのを、真向からたたく。柳宗元が六祖恵能のために書いた碑文にいう、「その人に教うるや、始めに性善を以てし、終りに性善を以てして、耘鋤《うんじょ》を仮《か》らず、本より其《そ》れ静なり」。

＊10〈真理は言語表現を離れている…〉前半は『楞伽経』、後半は『維摩経』の句。

＊11〈信心が足りぬ〉生まれたままの清浄心（良致良能）を失わぬのが信である。見失うゆえに、不信心となる。

初祖ダルマの墓は、河南省熊耳《ゆうじ》山の呉坂《ごはん》にある（最近、復興された）。禅者たるもの、一度はここに参拝せねばならぬ。生涯、墓を守っていても、一度もダルマにお目にかかれぬ男がいた。

二七　師、初祖の塔頭《たっちゅう》に到る。塔主《たっす》云く、長老。先に仏を礼《らい》するや、先に祖を礼するや。師云く、仏祖倶《とも》に礼せず。塔主云く、仏祖は長老の与《た》めに、是れ什麼《なん》の冤家《おんけ》ぞ。師便《すなわ》ち払袖《ほっしゅう》して出《い》ず。

師到初祖塔頭。塔主云。長老。先礼仏先礼祖。師云。仏祖倶不礼。塔主云。仏祖与長老。是什麼冤家。師便払袖而出。

**ダルマの墓**

師匠は、初祖ダルマの墓[*1]のある、大寺にやって来られた。

墓もりの僧、「長老さま、はじめに仏をおがまれまするか、それとも、祖師をおがまれまするか」

師匠、「仏も祖師も、おがまぬ」
墓もり僧、「仏と祖師とは、長老さまにとって、どんなすじあいの仇敵《かたき》*2です」
師匠は、袖をふりはらって出られた。

*1〈初祖ダルマの墓〉唐の代宗のとき、円覚大師空観之塔という諡号《おくりな》があった。塔頭は、開山の墓をかこんで、七堂伽藍を具《そな》える。
*2〈仇敵〉「冤家」は詩語で、昔の檀那。

臨済院での定例説法の一つ。最初の説法はなく、いきなりある僧二人の、質問となる。流布本は、次の〔二九〕につづける。

**二八**　上堂。僧問う、如何なるか是れ仏法の大意。師、払子《ほっす》を竪起《じゅき》す。僧便《すなわ》ち喝《かっ》す。師便ち打つ。
又た僧問う、如何なるか是れ仏法の大意。師亦《ま》た払子を竪起す。僧便ち喝す。師も亦た喝す。僧擬議《ぎぎ》す。師便ち打つ。

上堂。僧問。如何是仏法大意。師竪起払子。僧便喝。師便打。

又僧問。如何是仏法大意。師亦竪起払子。僧便喝。師亦喝。僧擬議。師便打。

## 仏法の相手

定例の説法で、ある僧[*1]がたずねた、「どういうところが、師匠の仏法の、確かな相手でしょうか」

師匠は、払子をつったてる。僧は（大声で）どなる。師匠は、すぐさまぶったたく。

また、ある僧がたずねた、「どういうところが仏法の相手でしょうか」

師匠は、やはり払子をつったてる。僧はどなる。師匠もどなる。僧は何か答えようとする。師匠は、すぐさまぶったたく。

＊1〈ある僧〉質問者は二人、別である。質問も同じ、臨済の出方も同じだが、後半で僧の様子がちがってくる。臨済の眼前には、かつて同じ質問を先師にぶっつけた、若き日の自分の姿があった。すくなくとも、流布本は、そんな理解で次の〔二九〕と結びつけたのである。

臨済は、往年の自分を追憶し、もういちど、黄檗の三十棒をくらいたいと思う。しかし、棒は単なる物でない。それを他からうけとろうとする僧は、すでに足をすくわれている。剣刃上の事と、石室行者に関する二つの問答で、臨済はあらためてそのことを教える。

二九　上堂して、云う、我れ二十年、黄檗先師の処に在って、三度仏法的的の大意を問うて、三度他《かれ》が杖《じょう》を賜うことを蒙《こうむ》る。蒿枝《こうし》の払著《ほつじゃく》するが如くに相《あ》い似たり。如今《いま》更に一頓《いっとん》を得んと思う、誰人《たれびと》か我が為めに行《ぎょう》じ得ん。時に有る僧、衆を出でて云く、某甲《それがし》行じ得ん。師、棒を拈《ねん》じて他《かれ》に与う。其の僧接せんと擬《ぎ》す。師便ち打つ。
問う、如何なるか是れ剣刃上《けんにんじょう》の事《じ》。師云く、禍事《かじ》禍事。僧擬議す。師便《すなわ》ち打つ。

問う、秖如《たとえ》ば石室行者《せきしつあんじゃ》は、碓《たい》を踏《ふ》んで脚を移すことを忘却す。什麼《いずれ》の処に向かってか去れる。師云く、深泉《じんせん》に没溺《もつでき》す。


上堂云。我二十年。在黄檗先師処。三度問仏法的的大意。三度蒙他賜杖。如蒿枝払著相似。如今更思得一頓。誰人為我行得。時有僧出衆云。某甲行得。師拈棒与他。其僧擬接。師便打。

問如何是剣刃上事。師云。禍事禍事。僧擬議。師便打。

問。秖如石室行者。踏碓忘却移脚。向什麼処去。師云。没溺深泉。

## よもぎの枝でなでてもらうように

定例の説法、「わしは、二十年まえに[*1]黄檗先師のもとで、三べんくりかえして、『仏法の確かな相手』についてたずね、三べん痛棒をちょうだいした。ちょうど、よもぎの枝でなでてもらう[*2]ようであった。いまはもうひと打ち、くらいたい気持だ。だれぞ、わしにくらわせんか」

そのとき、ある僧がすすみでた、「それがしがやります」

師匠は、棒をとって僧にわたす。その僧は、棒をうけとろうとする。師匠はいきなり、ぶったたいた。

別の質問、「どういうところが刃わたり三寸[*3]です」

師匠、「怖ろしや[*4]、怖ろしや」

僧は何か答えようとする。師匠はすかさず、ぶったたく。

別の質問、「石室行者[*5]といえば、臼の上で、脚を忘れた[*6]のは、いったいどこに行ったのです」

師匠、「底のない泉に沈[*7]んだ」

＊1〈二十年まえに〉無著《むじゃく》道忠の疏瀹《そやく》の説。一般に、二十年間とするのは、『法華経』信解《しんげ》品の長者窮子《ぐうじ》の話による。

＊2〈よもぎの枝でなでてもらう〉猫をじゃらすように、かわいがること。老婆親切。子供の成長を祝う民俗行事。

＊3〈刃わたり三寸〉一心不乱のところ。『伝灯録』二十八の汾州上堂にいう、「氷凌上を行くが如く、剣刃上を走るが如し」

＊4〈怖ろしや〉暗がりで、牛の顔にぶつかったような、予期せぬ怖ろしさ。思わず発する声。
＊5〈石室行者〉石室善道の故事。武宗の破仏で還俗し、復仏ののちも僧衣をつけず、石臼をふんで人々に供養した。『祖堂集』五、『伝灯録』十四、『碧巌録』三十四則。行者といえば、『六祖壇経』を想起させるが、臨済には似ても似つかぬ堅物。
＊6〈脚を忘れた〉無心の境地をいう。脚下のことを、忘れたる意もあり。
＊7〈底のない泉に…〉無心三昧におちこんで、何の働きもみられないこと。きれいではあるが何ということはない、役には立たぬ、声聞・縁覚。

以下、他の系統の人々との問答。一種の他流試合である。はじめに鋭州杏山との対話。牛になりきる杏山と、人になりきる臨済と、いずれがアウト・ドアであろうか。

三〇　師、杏山《あんざん》に問う。如何なるか是れ露地《ろじ》の白牛《びゃくご》。山云く、吽吽《うんうん》。師云く、啞《あ》するや。山云く、長老は作麼生《そもさん》。師云く、者《こ》の畜生《じゅくさん》。

師問杏山。如何是露地白牛。山云。吽吽。師云。啞那。山云。長老作麼生。師云。者畜生。

## 杏山との対話

師匠は杏山[*1]にたずねた、「どういうのが屋外の白牛[*2]か」
杏山、「モウ、モウ」
師匠、「それは、赤牛だ」
杏山、「長老はどうです」
師匠、「こんチクショウ[*3]」

*1〈杏山〉涿州杏山の鑒洪。雲巌曇晟《どんじょう》（七八〇?～八四一）の弟子。『伝灯録』十五の章にこの話を収め、同十二の臨済の章では、木口和尚との問答とする。杏山と木口は、おそらく同人である。また、『祖堂集』五の石室和尚の章は、その木口が、石室を訪ねた問答を伝える。

*2〈屋外の白牛〉家畜でない、生きもの。絶対自由のところ。『法華経』の譬喩品にある話。火のついた古い屋敷の中で、何も知らずに、鹿車《ろくしゃ》や羊車の玩具で遊びたわむれている子供たちを、安全な屋外に誘導するために、長老が一計を案じて、屋外には鹿車や羊車以上の、すばらしい野性の白牛がいると教えて、子供たちを導き出した故事。唐の禅者はしばしば、この話をとりあげる。

*3〈こんチクショウ〉すでにもう、家畜である。飼い馴らされている。

趙州と臨済の対話。同じ時代、同じ土地にいた二人だが、問答の伝えられるものは少い。両雄相見《まみ》える話を、『趙州録』と多少異なって伝えるのがおもしろい。

## 三

趙州《じょうしゅう》行脚《あんぎゃ》の時、師に参ず。師の洗脚《せんきゃく》するに遇《あ》う次《つい》で、州便《すなわ》ち問う、如何なるか是れ祖師西来意《せいらいい》。師云く、恰《あたか》も老僧が洗脚するに値《あ》う。州近前《きんぜん》して聴く勢《いきおい》を作《な》す。師云く、更に第二杓《しゃく》の悪水《あくすい》を潑《はっ》せんと要すること在り。州便ち下り去る。

趙州行脚時参師。遇師洗脚次。州便問。如何是祖師西来意。師云。恰値老僧洗脚。州近前作聴勢。師云。更要第二杓悪水潑在。州便下去。

### 二はい目のよごれ水

趙州が[*1]修行時代に、師匠におめどおりした。たまたま脚を洗っておられるところに、趙州がたずねる、「どういうところが、西から来られたダルマ大師の御気分か」

師匠、「ちょうどよいところに、[*2]来られた。老僧《わし》は今、脚を洗っている」

趙州は近よって、耳をそばだてた。

師匠、「もう一ぱい、[*3]よごれ水をすてたいのよ」

趙州は、さっさと出てゆく。

＊1〈趙州〉河北趙州城の観音院に住した従諗《じゅうしん》（七七八〜八九七）。『祖堂集』十八。
＊2〈ちょうどよいところ…〉『趙州録』（四八二）にいう、「師、僧に問う、堂中にまた祖師有りや、云く、有り、師云く、喚《よ》び来って老僧のために洗脚せしめよ」
＊3〈もう一ぱい…〉「もう一ぱい」は、前の「ちょうどよいところに…」につづく語気。洗った水をまき捨てるのである。
◇『趙州録』（四九〇）本文の訳を掲げておく。
「趙州はあるとき臨済院にやって来て、脚を洗いはじめた。臨済、『如何なるかこれ祖師西来意』。趙州、『ちょうど脚を洗うところに来られた』。臨済はすすみでて、耳をそばだてる。趙州、『知るものぞ知る、知らずにくちばしをだして何になる』。臨済は袖を打って出てゆく。趙州、『三十年も修行して、今日はうっかり、下駄をあずけた』」

三

竜牙《りゅうげ》問う、如何なるか是れ西来意。師云く、我が与《た》めに禅板《ぜんばん》を過《も》ち来れ。牙便《すなわ》ち禅

洞山に嗣ぐ、竜牙居遁《きょとん》（八三五〜九二三）との問答。竜牙が洞山の弟子であるために、この一段はやがて臨済宗対曹洞宗の、家風を競うもののようにみられる。宋代に再編される流布本を、今はもちこまないで読みたい。臨済自身、祖師西来意を問う僧に、「若し意有らば自救不了《じぐふりょう》」と答えている（190ページ）。

板を過《も》って師に与う。師接得《せっとく》して便ち打つ。牙云く、打つことは即ち打つに任《ま》かす、要《よう》且《か》つ祖師意無し。牙後に翠微《すいび》に到って問う、如何なるか是れ西来意。微云く、我が与めに蒲団を過《も》ち来れ。牙便ち蒲団を過《も》って翠微に与う。翠微接得して便ち打つ。牙云く、打つことは即ち打つに任かす、要且つ祖師意無し。牙住院の後、有る僧入室請益《にっしつしんえき》して云く、和尚行脚《あんぎゃ》の時、二尊宿に参ぜし因縁《いんねん》、還《ま》た他《かれ》を肯《うけが》うや。牙云く、肯うことは即ち深く肯う、要且つ祖師意無し。

竜牙問。如何是西来意。師云。与我過禅板来。牙便過禅板与師。師接得便打。牙云。打即任打。要且無祖師意。牙後到翠微問。如何是西来意。微云。与我過蒲団来。牙便過蒲団与翠微。翠微接得便打。牙云。打即任打。要且無祖師意。牙住院後。有僧入室請益云。和尚行脚時。参二尊宿因縁。還肯他也無。牙云。肯即深肯。要且無祖師意。

## 禅板と蒲団

竜牙[*1]がたずねた、「どういうところが、ダルマが西からやって来た気分です」

師匠、「わしに禅板[*2]をとってくれ」

竜牙はすぐに禅板をとって師匠にわたす。師匠はうけとるやいなや、相手をぶったたく。

竜牙、「ぶつことはかまいません。しかし、ダルマの気分ではないな」

竜牙はそののち、翠微[3]にやって来てたずねた、「どういうところが、ダルマが西からやって来た気分です」

翠微、「わしに、蒲団をとってくれ」

竜牙は蒲団をとって翠微にわたす。翠微はうけとるやいなや、相手をぶったたく。竜牙、「ぶつことはかまいません。しかし、ダルマの気分ではないな」

やがて、竜牙が自分の禅院をかまえたとき、ある僧がかれの室に入り、個人指導[4]をねがった、「先生が修行時代に、二人の老師に参ぜられた評語[5]は、いったい相手をお認めなされてのことか」

竜牙、「認めることは、たしかに認めたが、二人とも、ダルマのがらじゃない」

＊1〈竜牙〉湖南省竜牙山妙済禅院にいた人。諱《いみな》は、居遁《きょとん》。のちに洞山に嗣《つ》いで、証空禅師とよばれ、偈《げ》頌《じゅ》の名手として知られる。『祖堂集』八、『伝灯録』十七、『禅林僧宝伝』九十。
＊2〈禅板〉すでに〔九〕にみえる。単なる道具ではなくて、弟子を許し、これを証として与える意を含む。次の蒲団の場合もまた同じ。
＊3〈翠微〉長安の終南山翠微にいた無学。丹霞《たんか》天然に嗣いだ人。『祖堂集』五、『伝灯録』十四。
＊4〈個人指導〉「請益」は、儒家の言葉だが、百丈の『禅門規式』で重視され、特殊な禅語となる。
＊5〈評語〉「因縁」は、話頭のこと。公案と同義。

臨済がまだ、黄檗の下にいたころの話。径山は中唐以後、牛頭《ごず》禅の名門道場であった。黄檗・臨済の牛頭禅批判、もしくはまた、牛頭の臨済批判とみられる一段。いずれにしても、他流試合。道場荒しである。

三　径山《きんざん》に五百衆有り、人の参請《さんしょう》するもの少《な》し。黄檗、師を径山に到らしむ。檗、師に謂《い》いて曰く、汝到らば作麽生《そもさん》。師云く、某甲《それがし》彼に到って、自から方便有り。師、径山に到り、装腰《そうよう》にして法堂《はっとう》に上って、径山を見る。径山方《はじめ》て頭を挙《あ》ぐるに、師便ち喝《かっ》す。径山、口を開かんと擬《ぎ》す。師払袖《ほっしゅう》して便ち行く。尋《つい》で有る僧、径山に問う、者《こ》の僧適《せき》来《らい》、什麽《なん》の言句有りてか、便ち和尚を喝せし。径山云く、者《こ》の僧は黄檗の会裏《えりよ》従り来る。你《なんじ》知らんと要するや。自から他に問取《もんしゅ》せよ。径山の五百衆、大半分散す。

径山有五百衆。少人参請。黄檗令師到径山。檗謂師曰。汝到作麽生。師云。某甲到彼。自有方便。師到径山。装腰上法堂。見径山。径山方挙頭。師便喝。径山擬開口。師払袖便行。尋有僧問径山。者僧適来。有什麽言句。便喝和尚。径山云。者僧従黄檗会裏来。你要知麽。自問取他。径山五百衆。大半分散。

## 径山の五百人の僧

径山[*1]に、五百人[*2]の僧がいて、他から来る弟子の、参問がなかった。黄檗は、師匠を径山に行かせた。黄檗は師匠にいう、「お前、あちらについて、どうする」

師匠、「わたしが行けば、ちゃんと打つ手がございます」

師匠は径山にやって来ると、旅ごしらえ[*3]のままで説法の堂[*4]にのぼり、径山に会った。径山が顔をあげるやいなや、師匠は（大声で）どなりつける。径山は何かいおうとする。師匠は、袖をふりはらって去った。

あとで、ある僧が径山にたずねた、「あの修行僧はさきほど、先生に何をいわれて、[*5]先生をどなりつけたのです」

径山、「あいつは、黄檗から来た修行僧だ。知りたければ、自分できにゆきなさい」

径山にいた五百人の僧は、半数がバラバラになった。[*6]

＊1〈径山〉浙江省杭州にある。牛頭禅の七祖法欽（七一四〜七九三）が開山で、しばらくこの系統の道場となるが、馬祖や石頭の系統に転出する弟子があって、やがて牛頭禅は消滅する。宋代には、能仁万年興聖禅寺の額を賜わって五山の第一となり、大慧や虚堂《きどう》が住したことで知られる。ただし、黄檗や臨済のころの住持は、誰かわからぬ。

＊2〈五百人〉黄梅山に集まった僧に同じ。この中に、曹渓恵能がいる。後代、七百の高僧といわれる。
＊3〈旅ごしらえ〉原文「装腰」は、宋代になると「えらぶる」意をもつが、ここは文字通りでよい。
＊4〈説法の堂〉「法堂」は禅院の中心である。百丈の創設といわれる。
＊5〈先生に何をいわれて〉原文「有什麼言句」の言句は、師家《しけ》の言葉である。
＊6〈バラバラになった〉原文「分散」を、『広灯録』は「奔趁」とする。逃げ出すこと。

ふしぎな説法である。一種、自分の家風を批判したようなところがある。〔三三〕の径山に代わるのかも。すくなくとも、〔三三〕と対比すると、得るところが多い。

**三四** 上堂《じょうどう》。云く、但有《すべ》て来る者は、伊《かれ》を虧欠《きかん》せず、揔《そう》に伊の来処を識《し》る。与麼《よも》に来るも、恰《あたか》も失却するに似たり、与麼に来らざるは、無縄自縛《むじょうじばく》。一切時《いっさいじ》中、乱《みだ》りに斟酌《しんしゃく》すること莫《な》し。会《え》と不会《ふえ》と、都来《すべ》て是れ錯。分明に与麼に道《い》う、天下人の貶剝《へんぱく》するに一任す。久立珍重《きゅうりゅうちんちょう》。

上堂云。但有来者。不虧欠伊。揔識伊来処。与麼来恰似失却。不与麼来。無縄自縛。一切時中。莫乱斟酌。会与不会。都来是錯。分明与麼道。一任天下人貶剝。久立珍重。

## ひとりもやりすごさぬ

定例の説法でいわれた、「およそやって来る奴[*1]は、ひとりもやりすごさず、[*2]とことん相手の来かた[*3]を見ぬく。ありのままで来れば[*4]、何かを見失っているのと同じ、ありのままで来なければ、[*5]縄もないのに、[*6]自分でくくられてるのと同じだ。どんなときも、[*7]むやみに手加減を加えぬ。判っても判らんでも、てんからまちがいだ。きっぱりとこういって、世間の非難[*8]を待つ。お疲れさん、[*9]ごきげんよう」

＊1〈およそやって来る…〉すべて俗語。主語は、臨済その人。
＊2〈やりすごさず〉見逃さぬこと。双方、不満足感を、のこさない。
＊3〈相手の来かた〉目的、理由、動機など。
＊4〈ありのままで〉「与麼」は、指示副詞。恁麼《いんも》に同じ。肯定的な出方をいう。『祖堂集』十の趙州の章にこことよく似た一段がある。
＊5〈ありのままで来なければ〉前の句と合わせて、双方を否定するやり方。今、「不与麼《ふよも》に来る」と読まない。
＊6〈縄もないのに…〉『百丈広録』に同じ句がみえる。
＊7〈どんなときも〉十二時中、時間の制約の中で。相手の出方にあわせる言葉。
＊8〈非難〉「貶剝」は、もっとも強い語気をもつ、評価。

＊9〈お疲れさん…〉説法のさいごにいう語。長く立たせたという意。ごきげんようは、別れのあいさつ。おだいじに。

維摩と傅大士《ふだいし》は、在家菩薩の代表である。受戒して、僧となることがない。出家仏教に、不断の自己反省をせまる存在。維摩と傅大士は天然の禅者であるから、出家がこれに倣《なら》ってならぬという主張は、『百丈広録』にも、『祖堂集』四の薬山の章にもみられる。

三五　上堂《じょうどう》。云く、一人《いちにん》は孤峰頂上《こほうちょうじょう》に在って、出身《しゅっしん》の路《みち》無く、一人は十字街頭《じゅうじがいとう》に在って、亦《ま》た向背《こうはい》無し。那箇《なこ》か前に在り、那箇か後《しりえ》に在る。維摩詰《ゆいまきつ》と作《な》さず、傅大士《ふだいし》と作さず。久立珍重《きゅうりゅうちんちょう》。

上堂云。一人在孤峯頂上。無出身之路。一人在十字街頭。亦無向背。那箇在前。那箇在後。不作維摩詰。不作傅大士。久立珍重。

**維摩と傅大士**

定例の説法でいわれた、「ある男は、高山のてっぺんにのぼりつめて、それより上に身を出しようがない。[＊1] ある男は、十字街頭のまっただ中で、前も後もない。[＊2] どちらが優れ、[＊3]

どちらが劣っているであろうか。維摩居士[4]ではいかん、傅大士[5]でもいかん。お疲れさん、ごきげんよう」

＊1〈身を出しようがない〉出身は、官吏が試験に合格すること。禅では、悟りの世界に入ること。ここは、それより上のない、高い悟りにとどまっていること。
＊2〈前も後もない〉前後差別の中にあって、自他を忘れる意。「自未得度、先度他」といわれる、出家仏教を超えたところ。
＊3〈どちらが優れ…〉優劣はないということ。原文の「前後」は優劣の意。
＊4〈維摩居士〉『維摩経』の主人公。浄名居士とよばれる。
＊5〈傅大士〉中国梁代の居士、傅翕《ふきゅう》（四九七〜五六九）。善慧大士とよばれる。大士は菩薩の意。禅の祖師と同格に扱われて、弥勒の化身とみられた。『伝灯録』二十八に伝あり、別に『善慧大士語録』三巻がある。
◇ちなみに『祖堂集』の薬山伝に、雲巌曇晟《どんじょう》の無修無悟を讃えて、「眼は即ち有る也、只だ濤汰《とうた》を欠く」とし、真覚大師（霊照）と玄晤《げんご》大師（曹山荷玉）の、次のようなコメントをつける。「両人を除却して此を降る已下《いげ》は、任你《たとい》大悟し去るも、又た須《すべか》らく濤汰すべし。此は是れ什麼人《なんびと》ぞ。西天に是れ一人、唐土に是れ一人。……此の両人は什麼《なん》の時節因縁を被《こうむ》って、即ち濤汰せざる。対《こた》えて曰く劄劄すれば即ち老《ろう》兄《ひん》を過ぎん」

テーマは、『法華経』の譬喩品にある、放蕩《ほうとう》息子の話をふまえる、途中と家舎《かしや》だろう。捨父逃逝は、神秀の偈にみえる。鎮州教団は、王侍従の帰依によって、日ごとに盛大となり、体制化してゆく。臨済は、そうした動きに、批判的である。王公の供養《くよう》をうけるに価する、新しい仏法が問われる。

三六　上堂。云く、有る一人は論劫《ろんこう》に途中に在って、家舎《かしや》を離れず。有る一人は家舎を離れて、途中に在らず。那箇《なこ》か合《まさ》に人天《にんでん》の供養《くよう》を受くべき。便ち下座す。

上堂云。有一人論劫在途中。不離家舎。有一人離家舎。不在途中。那箇合受人天供養。便下座。

家と過程

定例の説法でいわれた、「ある男は、永遠に[*1]他国に[*2]あること家に[*3]あるごとくで、ある男は、家にもあらず、他国にもあらざるごとくである。どちらが人と天上の神[*4]の、供養[*5]を受けるに価するであろうか」

こういって、席をおりられた。

＊1 〈永遠に〉「論劫」は、劫という無限の時間をはかる意。したがって、いつまでたっても、到達せぬこ

と。
＊2〈他国〉修行をいう。足らざるを補い、完成せしめる道程。おそらくは、神秀の禅を批判する句。
＊3〈家〉仮りの宿である、落ちつくべきところではない。内実は他国と同じで、出家の立場からいう。
＊4〈人と天上の神〉六道のうちの、人の世と天上。インド的世界観によると、人は長い輪廻のすえに、ようやくここに生まれて、解脱に近づく。
＊5〈供養〉衣食住すべての、修行の保証。

いろいろの僧が、やって来る。臨済は手をさしだすが、僧は応じない。まったくのお手あげである。

三七　師、僧の来たるを見て、両手を展開す。僧無語《むご》。師云く、会《え》するや。云く、不会《ふえ》。師云く、渾崙《こんろん》劈《つんざ》き開かず。你《なんじ》に両文銭を与えん。

師見僧来。展開両手。僧無語。師云。会麼。云。不会。師云。渾崙劈不開。与你両文銭。

## 渾崙の山

師匠は、修行僧が来るのを見ると、両手をさしだす。[*1] 僧は何もいわない。

師匠、「わかるか」

僧、「わかりません」

師匠、「渾崙の山[*2]は、裂こうにも[*3]開けようがないナ。君に二文銭[*4]くれてやる」

＊1〈両手をさしだす〉両の手で、相手をうけ入れる姿。洞山は三路接人を説いて、鳥道、展手、玄路といっている。

＊2〈渾崙の山〉中国民族が西の果てにあると考えた、空想の山。黒いという意味もある。地の果てのわけのわからぬ山である。いまは、鈍な相手の僧にたとえる。

＊3〈裂こうにも…〉「擘不開」は、擘開不得の意で、昔、巨霊神が草山を二つに割って、黄河の水はけをよくしたという説がある。

＊4〈二文銭〉草鞋銭である。出直せということ。

偉人は、自己を律すること厳しい。他のテキスト、たとえば『碧巌録』第四十九則、『従容録』第十三則など、これを嗣法の弟子三聖への印可とする。今はテキスト通りに理解しておく。編者を三聖と考える立場から、全体を第一人称でよむ。

**三八**

師、遷化《せんげ》の時に臨んで、上堂して、云く、吾が滅後、吾が正法眼蔵《しょうぼうげんぞう》を滅却《めっきゃく》することを得ず。三聖《おのれ》出でて云く、争《いか》でか敢えて和尚の正法眼蔵を滅却せん。師云く、已後《いご》有る人、你《なんじ》に問わば、他に向かって什麼《なん》と道《い》わん。三聖便ち喝す。師云く、誰か知らん、吾が正法眼蔵、者《こ》の瞎驢辺《かつろへん》に向かって滅却するを。言い訖《おわ》って、法座上に於て端然《たんねん》として示寂《じじゃく》す。唐の咸通《かんつう》七年丙戌《へいじゅつ》四月十日なり。勅して恵照禅師を諡《おくりな》し、塔を澄霊《ちょうれい》と曰う。

師臨遷化時。上堂云。吾滅後。不得滅却吾正法眼蔵。三聖出云。争敢滅却和尚正法眼蔵。師云。已後有人問你。向他道什麼。三聖便喝。師云。誰知吾正法眼蔵。向者瞎驢辺滅却。言訖。於法座上。端然示寂。唐咸通七年丙戌四月十日也。勅諡恵照大師。塔曰澄霊。

## 弟子を認めず

師匠は臨終まぢかに、[*1]定例の説法でいわれた、「わしが死んだあと、わしの正法眼蔵[*2]をぶっつぶすでないぞ」

三聖《わたし》[*3]は進みでた、「何として師匠の正法眼蔵をつぶせましょう」

師匠、「将来、誰かが君にそれをたずねたら、その人に、どう答えるつもりか」

三聖はすかさず、大声でどなる。

師匠、「何たることぞ、わしの正法眼蔵は、このぐずろべえ[*4]が、ぶっつぶしてしもうた」

そういいおわると、法座の上で姿勢をただして、入滅された。唐の咸通七年[*5]（八六六）、ひのえいぬのとし四月の十日である。勅によって、[*6]恵照禅師のおくりながあり、墓塔を澄霊とした。

＊1〈臨終まぢかに……〉臨済は鎮州で入滅する。流布本が魏府とするのと違っている。
＊2〈正法眼蔵〉正しい教えの眼となる言葉。蔵は、三蔵の蔵である。『祖堂集』一、摩訶迦葉の章を参照せよ。
＊3〈三聖〉三聖恵然のこと。鎮州三聖院に住した。『臨済録』の編者とみられる。
＊4〈ぐずろべえ〉弟子を罵ることば。師匠のまねして、どなるのを叱る言葉。瞎は識字能力がないこと。驢は、家畜の代表。
＊5〈咸通七年〉流布本は「咸通八年丁亥、孟陬の月十日」とし、従来はこれを通説とした。しかし、流布本以外の古本は、すべてここにいうのと一致し、伝法偈がある。
＊6〈勅によって…〉鎮州の奏によるもの。『仏祖統紀』五十四に、懿宗《いそう》の贈るところとする。

以下、鎮州臨済院における、定例説法の一部で、臨済の説法のうち、もっとも広く知られるもの。『祖堂集』十九、『伝灯録』二十八、『宗鏡録』九十八など、ひとしく収めるところをみると、テキストもほぼ、一定していたらしい。

**三九** 師、衆《しゅ》に示して云《いわ》く、今時仏法を学《がく》する者は、且《しば》らく真正《しんしょう》の見解《けんげ》を求めんことを要す。若《も》し真正の見解を得れば、生死も染めず、去住《こじゅう》自由ならん。殊勝《しゅしょう》を求めんことを要せず、殊勝自から至る。道流《どうる》よ、祇如《たとえ》ば古よりの先徳は、皆な人を出《い》だす底《てい》の路《みち》有り。山《さん》僧《ぞう》が人に指示する処の如きも、祇《た》だ你が人惑《にんわく》を受けざることを要するのみ。用いんと要せば便《すなわ》ち用いよ、更に遅疑《ちぎ》すること莫《な》かれ。如今《いま》の学者の得ざることは、病い甚処《いずく》にか在る、病い不自信の処に在り。你若《も》し自信不及《じしんふぎゅう》ならば、即便《すなわ》ち忙忙地《ぼうぼうじ》に、一切境に徇《したが》って転ぜられ、他《か》の万境に回換《えかん》せられて、自由を得ず。你若し能《よ》く念念馳求《ちぐ》の心を歇得《けっとく》せば、便ち祖仏《そぶつ》と別ならず。你、仏祖を識《し》らんと欲得《おも》うや、祇《た》だ你、面前聴法底《ちょうぼうてい》是れなり。学人信不及にして、便ち外に向かって馳求す。設《たと》い求め得る者も、皆な是れ文字勝相にして、終《つい》に他《か》の活祖意《かっそい》を得ず。錯《あやま》ること莫かれ、諸禅徳、此の時遇わずんば、万《まん》劫千生《ごうせんしょう》、三界《さんがい》に輪回《りんね》し、好境に徇《したが》って掇《てっ》し去って、驢牛《ろご》の肚裏《ずり》に生まれん。

道流よ、山僧が見処《けんじょ》に約せば、釈迦と別ならず。今日多般《たはん》の用処《ゆうじょ》、什麼《なに》をか欠少する。六道の神光《じんこう》、未だ曾《かっ》て間歇《かんけつ》せず。若し能く是《かく》の如く見得《けんとく》せば、祇《た》だ是れ一生無事の人なり。

大徳《だいとく》よ、三界無安《さんがいむあん》、猶如火宅《ゆうにょかたく》。此は是れ你が久しく停住《ちょうじゅう》する処にあらず。無常の殺鬼、一刹那《いちせつな》の間に、貴賤老少を揀《えら》ばず。你、祖仏と別ならざらんと要せば、但だ外に求むること莫かれ。你が一念心上の清浄光、是れ你屋裏《おくり》の法身仏《ほっしんぶつ》なり。你が一念心上の無分別光、是れ你屋裏の報身仏《ほうじんぶつ》なり、你が一念心上の無差別光、是れ你屋裏の化身仏なり。此の三種の身は、是れ你即今目前聴法底の人なり。祇だ外に向かって馳求せざるが為めに、此の功用《くゆう》有り。経論家《きょうろんげ》に拠《よ》れば、三種身を取って極則《ごくそく》と為す。山僧が見処に約せば、然《しか》らず。此の三種の身は是れ名言《みょうごん》なり、亦た是れ三種の依《え》なり。古人云く、身は義に依って立《りつ》し、体《たい》に拠って論ずと。法性《ほっしょう》身、法性土、明らかに知る、是れ光影《こうよう》なることを。大徳よ、你且《しば》らく影を弄《ろう》する底《てい》の人、是れ諸仏の本源なることを識取せよ、一切処是れ道流が帰舎の処なり。是れ你四大色身《しだいしきしん》は、解《よ》く説法聴法《ちょうぼう》せず、脾胃肝胆《ひいかんたん》も解く説法聴法せず、虚空《こくう》も解く説法聴法せず。是れ什麼《なに》か解く説法聴法する。是れ你目前歴歴《れきれき》底《てい》、一箇形段の孤明《こみょう》なる勿《な》し、是れ者箇《しゃこ》解く説法聴法す。若し是《かく》の如く見得せば、便ち祖仏と別ならず。但《た》だ一切時中《いっさいじちゅう》、更に間断《けんだん》すること莫かれ、触目《そくもく》皆な是れなり。秖だ情生じて智隔たり、想変じて体殊《こと》なるが為めに、所以《ゆえ》に三界に輪回して、種種の苦を受く。若し山僧が見処に約せば、甚深《じんじん》ならざる無く、解脱《げだつ》せざる無し。

道流よ、心法無形《しんぼうむぎょう》、十方《じっぽう》に通貫す。眼に在るを見と曰《い》い、耳に在るを聞と曰い、鼻に在っては香を嗅《か》ぎ、口に在っては談論し、手に在っては執捉《しゅしゃく》し、足に在っては運奔《うんぽん》す。本《もと》是れ一精明《いちしょうみょう》、分かれて六和合と為《な》る。一心すら既に無し、随処に解脱せん。山僧が与麼《よも》に説く、意什麼《いずれ》の処にか在る。秖《た》だ道流が一切馳求の心、歇《や》むこと能《あた》わずして、他の古人の閑機境《かんききょう》に上《のぼ》るが為めなり。道流よ、山僧が見処を取らば、報化仏頭《ほうけぶっとう》を坐断《ざだん》す。十地《じゅうじ》の満心《まんしん》も猶《な》お客作児《かくさじ》の如く、等妙《とうみょう》の二覚も担枷鎖《たんかさ》の漢《かん》、羅漢辟支《らかんびゃくし》は猶お厠穢《しえ》の如く、菩提涅槃は繋驢橛《けろけつ》の如し。何を以てか此《かく》の如くなる、秖だ道流が三祇劫《さんぎこう》の空《くう》なるに達せざるが為めに、所以《ゆえ》に此の障碍《しょうげ》有り。若し是れ真正の道人ならば、終《つい》に是の如くならず。但だ能く縁に随《したが》って旧業《くごう》を消《しょう》し、任運《にんぬん》に衣裳を著《つ》けて、行かんと要すれば即ち行き、坐せんと要すれば即ち坐す、一念心の仏果を希求《きぐ》する無し。何に縁《よ》ってか此の如くなる。古人云く、若し作業《さごう》して仏を求めんと欲せば、仏は是れ生死の大兆なりと。

大徳よ、時光惜しむ可《べ》し。秖だ傍家波波地《ぼうけははじ》に、禅を学《がく》し道を学し、名を認め句を認め、仏を求め祖を求め、善知識を求めて意度《いたく》せんと擬《ぎ》す。錯ること莫かれ。道流よ、你秖だ一箇の父母有り、更に何物をか求めん。你自から返照し看《み》よ。古人云く、演若達多《えんにゃだった》が頭を失却する、求心歇《ぐしんや》む処即ち無事と。

大徳よ、且《しば》らく平常《びょうじょう》なることを要す、模様《もよう》を作《な》すこと莫かれ。有る一般《ひとつら》の好悪《こうお》を識《し》らざる禿兵《とくへい》は、便《すなわ》ち神を見、鬼を見、東を指ざし西を劃《かく》して、好晴好雨という。是の如きの流《たぐい》、尽《ことごと》く須《すべか》らく債《さい》を抵《いた》して、閻老《えんろう》の前に向かって熱鉄丸《ねってつがん》を呑むこと日有るべし。好人家《こうにんけ》の男女《なんにょ》、者《こ》の一般の野狐の精魅《せいみ》に著《つ》かれて、便即ち捏怪《ねっかい》す。瞎屢生《かつるせい》、飯銭を索《もと》めらるること日有る在り。

師示衆云。今時学仏法者。且要求真正見解。若得真正見解。生死不染。去住自由。不要求殊勝。殊勝自至。道流。秖如自古先徳。皆有出入底路。如山僧指示人処。秖要你不受人惑。要用便用。更莫遅疑。如今学者不得。病在甚処。病在不自信処。你若自信不及。即便忙忙地。徇一切境転。

被他万境回換。不得自由。你若能歇得。念念馳求心。便与祖仏不別。你欲得識仏祖麼。秖你面前聴法底是。学人信不及。便向外馳求。設求得者。皆是文字勝相。終不得他活祖意。莫錯。諸禅徳。此時不遇。万劫千生。輪回三界。徇好境掇去。驢牛肚裏生。

道流。約山僧見処。与釈迦不別。今日多般用処。欠少什麼。六道神光。未曾間歇。若能如是見得。秖是一生無事人。大徳。三界無安。猶如火宅。此不是你久停往処。無常殺鬼。一刹那間。不揀貴賤老少。你要与祖仏不別。但莫外求。你一念心上清浄光。是你屋裏法身仏。你一念心上無分別光。是你屋裏報身仏。你一念心上無差別光。是你屋裏化身仏。此三種身。是你即今目前聴法底人。為秖不向外馳求。有此功用。拠経論家。取三種身為極則。約山僧見処。不然。此三種身是名言。亦是三種依。古人云。身依義立拠体論。法性身法性土。明知是光影。大徳。你且識取弄影底人。是諸仏之本源。一切処是道流帰舎処。是你四大色身。不解説法聴法。脾胃肝胆。不解説法聴法。虚空不解説法聴法。是什麼解説法聴法。是你目前歴歴底。勿一箇形段孤明。是者箇解説法聴法。若如是見得。便与祖仏不別。但一切時中。更莫間断。触目皆是。秖為情生智隔。想変体殊。所以輪回三界。受種種苦。若約山僧見処。無不甚深。無不解脱。

道流。心法無形。通貫十方。在眼曰見。在耳曰聞。在鼻嗅香。在口談論。在手執捉。在足運奔。本是一精明。分為六和合。一心既無。随処解脱。山僧与麼説。意在什麼処。秖為道流。一切馳求心不能歇。上他古人閑機境。道流。取山僧見処。坐断報化仏頭。十地満心猶如客作児。等妙二覚。担枷鏁漢。羅漢辟支。猶如厠穢。菩提涅槃。如繋驢橛。何以如此。秖為道流。不達三祇劫空。所以有此障碍。若是真正道人。終不如是。但能随縁消旧業。任運著衣裳。要行即行。要坐即坐。無一念心。希求仏果。縁何如此。古人云。若欲作業求仏。仏是生死大兆。

大徳。時光可惜。秖擬傍家波波地。学禅学道。認名認句。求仏求祖。求善知識意度。莫錯。道流。

你秖有一箇父母。更求何物。你自返照看。古人云。演若達多失却頭。求心歇処即無事。大徳。且要平常。莫作模様。有一般不識好悪禿兵。便即見神見鬼。指東劃西。好晴好雨。如是之流。尽須抵債。向閻老前。呑熱鉄丸有日。好人家男女。被者一般野狐精魅所著。便即捏怪。瞎屢生。索飯銭有日在。

## 正直な考え

師匠は平常、われわれにおしえていわれた、「ここで、仏道を学ぶものは、まず、正直《まとも》な考え[*1]が必要だ。正直な考えが身につくと、生死の大河も汚さ[*2]ないし、行くもとどまるも[*3]、思いのままだ。手柄を立てなくても[*4]、手柄のほうからやって来る。道の仲間よ、昔から徳がある人は、誰も人（奴隷）を引ったてる[*5]、奥の手をもっていられた。山法師が君たちにみせようというのも、諸君を世間のさそいに[*6]のらせまいという、ただそれだけのことだ。すぐやってみなさい、決してぐずついてはいかん。今ごろの修行がダメなのは、どこに落度があるかといえば、落度はすべて自から信じないこと[*7]。君たちは、自から信ずることができんのでもう、あたふた、せかせか、あらゆる対象（土地）にころがされ、さまざまの環境（さそい）にひっかかって、思うにまかせぬ。君たち、そんな絶えまのない欲望を停止できたら、すでにもう祖師や仏と違い[*8]はせぬ。君たち、仏祖に会いたいと思うか。ほかならぬ君たちという[*9]、わしの目の前でわしの説法をきいている奴がそれだ。修行者は信じきれないで、すぐに外を探しまわるが、よしんば探し当てたとしても、すべて古典の賛美にすぎず、生きた祖師の心を把《つか》むことはできない。まちがえるなよ、禅の仲間よ、今すぐお目にかからぬと、劫《こう》[*10]を万べんくりかえし、千度生まれかわるほど（長いあいだ）、三つの迷いを経[*11]めぐり、ステキな環境を追って、馬や牛の腹にやどること[*12]になる。

道の仲間よ、山法師の見立てをいえば、われわれはシャキャムニブッダと、少しも違わぬ。われわれの毎日の動きに、いったい何が欠けとるか。眼と耳と鼻と口と身と心という、六すじの不思議な光明は、いちどだって止まったことはない。こう考えることができたら、われわれはもう死んでも、無事である。[*13]

### 三つの仏身

修行者よ、[*14]三つの迷いは不安定で、[*15]火のついた屋敷のように怖い。ここは決して、君たちが長く腰をすえられる場所ではない。無常という殺し屋は、[*16]一瞬のあいだにやってきて、貴賤老少など相手を差別せぬ。君たちは、祖師や仏と同じでありたいなら、決して外に求めてはならぬ。君たちの心の、一瞬の清浄な輝きこそ、[*17]君たちの内なる法身仏であり、[*18]君たちの心の、一瞬の無分別の輝きこそ、[*19]君たちの内なる報身仏であり、君たちの心の、一瞬[*20]の無差別の輝きこそ、君たちの内なる化身仏である。この三つの仏身は、君たちという、現にわしの目の前で説法をきいておる、その男のことである。仏を外に探さぬという、ただそれだけで、こんな功徳がある。

経論の研究者は、さきほどの三つの仏身を、究極の自己とみる。山法師の見立ては、そんなことじゃない。この三つの仏身は、要するに出演上の名にすぎず、三組の衣裳[21]である。古人[22]もいっている、『仏身はシナリオ上の約束[23]で、演技は本人次第である』と。法身といっても極楽浄土といっても、[24]照明の影絵[25]とわかる。

修行者よ、君たちは、まあそんな光と影をあやつっている男が、諸仏の根本だとおもいなさい、どこもみな君たち道の仲間の、帰りつく楽屋である。ほかでもない君たちという、四つの要素（地・水・火・風）でできた肉体は、法を説いたり法を聞いたりできない。脾《ひ》と胃と肝と胆という内臓は、法を説いたり法を聞いたりできない。外に広がる天空も、法を説いたり法を聞いたりしない。いったい、何が法を説いたり法を聞いたりできるのか。ほかでもない君たちという、わたしの目の前で、今ありありとして、特定の役がらをもたず、自から輝いてすっきりしている、そいつが、正しく法を説いたり法を聞いたりするのである。

こう考えることができたら、われわれは祖師や仏と少しも違わぬ。ゆめゆめどんなときも、けっして御油断めさるな。目に見えるものすべてがそれである。智恵がつくと人情[26]がかくれ、分別がつくとことがめんどう。それでわれわれは、三つの迷いを経めぐって、ひたすら苦悩をかさねるのである。山法師の考えからすれば、誰も奥深い人生ならぬはない、解放されないものは何もない。

## 眼に出ると見るという

道の仲間よ、われわれの心というものは、きまった形がなく、十方[*27]にゆきわたっている。眼に出ると見るといい、[*28]耳に出ると聞くといい、鼻に出ると匂いをかぎ、口に出るとものをいい、手に出るとものをつかみ、足に出ると動きまわる。一つのエネルギーが、[*29]六つの器官に出るのである。もともと心を起さぬからには、どこででも解放される。山法師がこう申す、その意図はどこにあるか。ほかでもない、君たち道の仲間が、すべて欲望を停止できず、古人の馬鹿げたからくりに[*30]乗せられるためである。道の仲間よ、山法師の見立てを取るなら、(誰でも)報身仏や化身仏のあたまの上に坐りこんで、[*31]微動もさせず、十地の修行を[*32]完成した菩薩も、ちょうど奴隷と同様にこきつかう、等覚・妙覚[*33]の菩薩も、自分で首板をかつぎ、手かせを背負う罪人と同じ、煩悩を滅し尽くした羅漢も、自分で悟った辟支《びゃくし》仏も、あたかも便所の不浄にひとしく、悟りも寂滅も、ロバをつなぐ柱にひとしい。どうしてこういうことになるのかといえば、ほかでもない君たち道の仲間が、三祇《さんぎ》[*34]とよばれる途方もなく長い、修行の過程の空しさに気づかず、ただそれだけの理由で、こういう金縛りにあうのである。もしまともな修行者なら、けっしてこうはせぬ。どこまでも縁にまかせて、前世の業を使い、[*35]なりゆきのままに衣裳をかえて、歩きたければ歩き、坐りたければ坐って、一瞬も仏の熟柿《じゅくし》を求めはしない。どうしてこういうことになるのか。古人もいっている、[36]『もしも業をつのらせて[37]仏を求めるなら、仏こそ生死の前ぶれだ』と。

### ヤージュニャダッタ

修行者よ、時を無駄にするなかれ。ただあたふたとわきみちに、禅をおさめ道をおさめ、名前をあてにし説明をあてにして、仏をさがし祖師をさがし、先達をさがして、計算どおりにやろうとするなんて、まちがってはいかん。道の仲間よ、君たちには、ちゃんと一組の父母がいられる。いったい何を探すのだ。自分で自分を映し返してみるがよい。古人もいう、[38]『ヤージュニャダッタは[39]自分の首を見失ったが、探すことをやめたとき、そのまま何もなかった』と。修行者よ、まあ、あたりまえにやってくれ、型にはまりこんではいかん。よしあしの区別もつかぬ、ある種の雑兵《ぞうひょう》どもは、やたらに神がかりをいい、[40]（今日は）よい天気じゃ、よい雨降りじゃといいたてる。こんな連中は、すべて借銭をつぐなって、閻魔大王の前で、まっかに焼けた鉄の玉をくらわねばならぬ日が来るにちがいない。れっきとした家の青年[41]が、こんな狐にいかれっぱなしで、たちまちこんなうわのそら[42]をいう。ドジめが、一生の飯代とられる日が、来ることはまちがいないぞよ」

＊1〈正直な考え〉あたりまえで、まっとうな見方。道徳的な意味はない。後出（126ページ）過去第五仏

の説戒の句をとると、臨済はここで菩薩戒を授けている。

＊2〈生死の大河も…〉相手が武士ゆえに、生きて名誉を得るのを強調するが、のたれ死にもまた名誉である。

＊3〈行くもとどまるも〉この世から出てゆくことと、とどまること。つまり生死。

＊4〈手柄を立てなくても…〉手柄は結果であって、目的ではない。道綽《どうしゃく》の『安楽集』にも、「解脱を求めざれども解脱自ずから至る」といっている。

＊5〈人を引ったてる〉人間のもっている能力を引き出す。農奴を相手に話している。

＊6〈世間のさそい〉「人惑」は、世俗的な価値のこと。臨済独自の造語らしい。

＊7〈自から信じない〉自信が足りないこと。

＊8〈祖師や仏〉祖師を仏の前におく、新しい時代の造語。

＊9〈ほかならぬ君たちという…〉聴衆の一人一人を、直接に肯定する言葉。この説法を一貫する、新しい考え方の一つ。

＊10〈劫〉無限に永い時間の単位。

＊11〈三つの迷いを…〉インド仏教を引きずりつつ、現時点の河北を直指する句。人生はひっきょう、欲と色、いずれも心である。

＊12〈馬や牛の腹にやどる〉家畜に生まれ代わること。

＊13〈無事である〉本来完全で、何も欠けていないから無事である。〔四〇〕の〈何事もないのが…〉の注（117ページ）を見よ。

＊14〈修行者よ〉「大徳」は、原始僧団以来の、第二人称用語。律蔵や阿含《あごん》経典にみえる。

＊15〈三つの迷いは不安定で…〉『法華経』譬喩品の句。

＊16〈無常という殺し屋〉死に神をいう。『摩訶止観』七上、『潙山警策』などにみえる。
＊17〈清浄な輝き〉汚れを除いて清浄にするのでなく、本来清浄なる心の輝きをいう。清浄は空の意。
＊18〈法身仏〉以下、伝統の用語を、自心のあり方に引きよせて説く。すべて、『六祖壇経』による。
＊19〈無分別の輝き〉無心の働き。『無心論』参照。
＊20〈無差別の輝き〉差別に即しての無差別である意。
＊21〈三組の衣裳〉衣を着る人によって、衣が生きる。流布本は「依」に改めるが、この場合は依報《えほう》、つまり国土の意にとって、次の引用句に合わせたらしい。
＊22〈古人〉唯識法相の祖、慈恩大師窺基《きき》（六三二〜六八二）。
＊23〈仏身はシナリオ上の…〉『法苑義林章』七の句の取意。
＊24〈法身といっても極楽浄土といっても〉法身は仏身についていい、法性は自然物についていう。三身を法身に代表せしめ、法性に存在を代表せしめる言い方。国土については、『維摩経』仏国品をみよ。
＊25〈照明の影絵〉実体のないもの。「光影」は、要するに舞台上のライト。光をいうこともあり、影をいうこともある。
＊26〈智恵がつくと…〉李通玄の『新華厳経論』序の句。宗密はこの文を説いて、「夢にわが身の醜悪なる姿をみて苦しむ時は、まったく本来の健全な身に気づかぬが、ひとたび夢からさめると、夢中のわが身がそのまま、本来の健全な身と別ものでないと知る」といっている。
＊27〈十方〉東西南北と、その中間の方角を合わせた八方に、上下を加える。
＊28〈眼に出ると見るといい…〉ダルマがインドにいた時の弟子ハラダイの、心の歌といわれるもの。『伝灯録』三にみえるが、当時すでに『宝林伝』によって知られていたらしい。朱子学では、仏家の作用即性の説、すなわち作用への傾きを難ずる実例とする。

＊29〈一つのエネルギーが…〉『首楞厳経』六の句。『伝心法要』七にも引かれる。精神は、生命力のこと。「一精明」は道家の用語。また、六つの機能は、眼耳以下の六つ。
＊30〈古人の馬鹿げたからくり〉ダルマの弟子という縁法師が、「一切の経論は心が起こした不始末の始末」という。
＊31〈坐りこんで…〉「坐断」は、すでに〔九〕にみえる「坐却」に同じ。
＊32〈十地の修行〉菩薩の修行過程を十段階に分つもの。歓喜、離垢、明、焔、難勝、現前、遠行、不動、善恵、法雲の十地。「十住」とも。
＊33〈等覚・妙覚〉十地を完成し、仏位に登ったところ。等覚は、一切存在の平等に目覚める意。妙覚は、完全円満な仏。
＊34〈三祇〉三大阿僧祇劫の略で、無限に長い時間。
＊35〈前世の業を使い…〉「消」は俗語では、用いる、受ける、楽しむ意。『伝心法要』に同一の句がある。
＊36〈古人もいっている〉梁の宝誌（四二五～五一四）を指す。この人に帰せられる『大乗讃』は、禅旨を表明するものとして重視される。伝記は、『伝灯録』二十七にある。
＊37〈もしも業をつのらせて…〉業を楽しもうとせずに。『伝灯録』二十九に収める『大乗讃』の句。ただし「仏こそ生死の前ぶれ」を、『伝灯録』のテキストは「業は是れ生死の前兆」とする。
＊38〈古人もいう〉この「古人」は、明らかでない。
＊39〈ヤージュニャダッタは…〉『首楞厳経』四にある話。舎衛の町に住む美貌の青年ヤージュニャダッタが、鏡にうつる自分の顔をみて、いちど自分の顔そのものを直接に見たいと思いつめて恍惚境に入り、町の子に教えられて正気にもどったというもの。ヤージュニャダッタは「祠授」と記され、天に祈って授けられた子の意。この話は、唐の禅者の好んでとりあげるところで、宗密の『円覚経大疏鈔』一上に

も引かれる。

＊40〈やたらに神がかりを…〉以下、すべて俗語俗文による表現。「見神見鬼」は、病人がうわごとをいう様子、「指東劃西」は、もったいぶって空さわぎすること。「好晴好雨」は、天気にもったいをつける意。いずれも、鎮州の風土による句。

＊41〈れっきとした家の青年〉「男女」は俗語で、若もの、子どもをいう。

＊42〈うわのそら〉狐がついて、正気を失うこと。

禅は、心の問題に終始する。仏も祖師も、経論も、すべて自心をめぐって出現する。要するに、カルテである。心そのものを直下《じきげ》に把《つか》んで働かせて、一切の病名をつけぬところに、臨済の説法がある。

四〇　師又た云く、道流《どうる》よ、切《せつ》に真正の見解を求取《ぐしゅ》して、天下に向かって横行《おうこう》して、者《こ》の一《ひと》般《つら》の精魅《しょうみ》に惑乱せらるるを免れんことを要す。無事是《こ》れ貴人《きにん》なり、但《た》だ造作《ぞうさ》する莫《な》かれ、秖《た》だ是れ平常《びょうじょう》なり。你《なんじ》、外に向かって傍家《ぼうけ》に求過《ぐか》して、脚手を覓《もと》めんと擬《ぎ》す。錯《あやま》り了《おわ》れり。秖だ仏を求めんと擬する、仏は是れ名句《みょうく》なり。你還《ま》た馳求《ちぐ》する底《てい》を識《し》るや。三《さん》世《ぜ》十方の仏祖出で来るも、也《ま》た秖《た》だ法を求めんが為めなり。如今《いま》参学《さんがく》の道流も、也《ま》た秖だ法を求めんが為めなり。法を得て始めて了《りょう》ず。未だ得ざれば依前として五道に輪回《りんね》す。

云何《いかん》が是れ法なる。法というは是れ心法なり、心法は無形にして、十方に通貫し、目前に現用《げんゆう》す。人は信不及《しんふぎゅう》にして、便乃《すなわ》ち名を認め句を認め、文字の中に向かって仏法を意度《いたく》せんと求む。天地懸《はる》かに殊《こと》なる。

道流よ、山僧が説法、什麼《なん》の法をか説く。心地《しんじ》の法を説く。便《すなわ》ち能《よ》く凡に入り聖《しょう》に入り、浄に入り穢《え》に入り、真に入り俗に入る。要且《ようか》つ是れ你真俗凡聖、能く一切の真俗凡聖の与《た》めに名字《みょうじ》を安著《あんじゃく》するにあらず。真俗凡聖は、此の人の与めに名字を安著し得ず。道流よ、把得《はとく》して便ち用いて、更に名字を著けざるを、之を号して玄旨《げんし》と為す。山僧が説法、天下の人と別なり。秖如《たとえ》ば箇《こ》の文殊・普賢の出で来ること有り、目前に各一身を現《げん》じて法を問わんに、纔《わず》かに和尚に咨《もう》すと道《い》わば、我れ早《すで》に弁《べん》じ了れり。老僧穏坐《おんざ》して、更に有る道流の来り相見《しょうけん》する時、我れ尽《ことごと》く弁じ了れり。何を以てか此《かく》の如くなる。秖だ我が見処《けんじょ》の別にして、外に凡聖を取らず、内に根本に住《じゅう》せず、見徹して、更に疑謬《ぎびゅう》する無きが為めなり。

師又云。道流。切要求取真正見解。向天下横行。免被者一般精魅惑乱。無事是貴人。但莫造作。秖是平常。你擬向外傍家。求過覓脚手。錯了也。秖擬求仏。仏是名句。你還識馳求底麼。三世十方仏祖出来。也秖為求法。如今参学道流。也秖為求法。得法始了。未得。依前輪回五道。云何是法。法者是心法。心法無形。通貫十方。目前現用。人信不及。便乃認名認句。向文字中求。意度仏法。天地懸殊。

道流。山僧説法。説什麼法。説心地法。便能入凡入聖。入浄入穢。入真入俗。要且不是你真俗凡聖。能与一切真俗凡聖。安著名字。真俗凡聖。与此人安著名字不得。道流。把得便用。更不著名字。号之為玄旨。山僧説法。与天下人別。秖如有箇文殊普賢出来。目前各現。一身問法。纔道咨和尚。我早弁了也。老僧穏坐。更有道流来相見時。我尽弁了也。何以如此。秖為我見処別。外不取凡聖。内不住根本。見徹更無疑謬。

## 何事もないのが高貴のお方だ

師匠は、さらにいわれた、「仲間よ、くれぐれも正直《まとも》な考えを身につけて、世間をほしいままに歩いて、ある種のばけものにだまされんことが大切だ。何事もないのが[*1]高貴のお方だ。けっしてやりとりしてはならぬ。あたりまえであるのがよい。君たちはわきみちに、ものを探して、手がかりを把もうとする。とんでもないことだ。ひたすら仏を探そうとするが、仏は名ふだ[*2]にすぎぬ。君たちは、自から探しまわっている相手が誰か、ごぞんじか。過去、現在、未来の三世にわたり、十方世界の仏や祖師が出現なされても、心のカルテを作るためである。今日、修行している道の仲間も、カルテを求めるにすぎん。自心のカルテを手に入れて、それでおしまいだ、手に入れぬうちは、相手かまわず五つの迷い[*3]を経めぐるほかはない。どういうものがカルテであろう。カルテとは、心のカルテである。心のカルテは、きまった書式がなくて、[*4]十方世界をつきぬけ、眼のまえに立ちあらわれているぞ。誰それが信じきれないで、やたらに名ふだをめあてにし、チラシのうちに仏法を読み込もうとする。天と地ほども差[*5]があるわいナ。

**心の根本真理**

仲間よ、山法師の説は、どういうカルテを書くかといえば、心のカルテ[*6]を書くのだ。心は、凡人にもあり、聖者にもあり、[*7]清浄な場所にもあり、汚れた場所にもあり、僧にもあり、俗にもあるが、君たちという僧なり俗なり、凡人なり聖者なりは、あらゆる僧なり俗なり、凡なり聖なりに、病名をつけてやることができない。僧なり俗なり、凡なり聖なりは、この男に病名をつけてやることができぬ。道の仲間よ、ひっつかんではたらかせ、けっして名前をつけぬこと、これが仏の奥義書[*8]とよばれる。山法師の見たては、世界の誰のものとも違うのだ。たとえば文殊や普賢[*9]がやってきて、わしの目の前に平身して、ひとりひとりおしえを乞うても、『和尚におたずね』というやいなや、わしはもう見破ってしまう。老僧《わし》はじっとしていて、どんな道者が会いに来ても、ちゃんとみな見破ってしまうのだ。どうしてかといえば、ほかでもないわしのみたてが他と違っていて、外には凡人と聖者の区別を立てず、内に根本の心に[*10]とどまることもない、すべて見破って、およそ疑惑を残さぬからである」

＊1〈何事もないのが…〉僧肇《そうじょう》に帰せられる『宝蔵論』にいう、「道について無事でこそ、いつの世にも貴い、道について無心でこそ、あらゆる物が円《まど》かに運ぶ」

＊2〈仏は名ふだ〉〔四七〕の「賞繫底名句」（115、184ページ）に当たる。

＊3〈五つの迷い〉「六道」のうち、修羅を省く五つ。

＊4〈心のカルテは、きまった書式がなくて…〉前の〔三九〕にみえる趣旨。

＊5〈天と地ほども…〉『信心銘』の句。

＊6〈心のカルテ〉『六祖壇経』にはじまる「心地法」。何の病いもない禅宗のこと。敦煌《とんこう》文書に特有の、差課簿とみてもよい。差課簿は人足帳で、土地の大ボスが書く。

＊7〈凡人にもあり、聖者にもあり…〉凡に即して凡を離れ、聖に即して聖を離れる意。ここにいう「入」も、六祖が「出没即離両辺」というのに当たる。

＊8〈奥義〉「玄旨」は『信心銘』にみえる。奥義書は、師弟対坐して、はじめて読まれた。

＊9〈文殊や普賢が〉当時、文殊は山西の五台山、普賢は四川の峨嵋《がび》山が霊場で、ここに巡礼して霊験を得ようとする信仰があった。臨済は、かれらが向うから挨拶に来ても会わぬというのである。

＊10〈内に根本の心に…〉『伝灯録』五に、石頭希遷が南岳懐譲《えじょう》を尋ねて、「諸聖を慕わず、己霊を重んぜざるとき」を問うた趣旨。外に凡聖にかかわらぬ人は、とかく内なる霊性によりかかるが、これもまたとっ払えというのである。

何事も無く、黙って弁ずるのが、本ものの出家である。どこでも主人であることだ、足のふむところ、すべてが真実となる。自主性とは、本来無事のところを、見失わぬこと。

四一　師又た云く、道流よ、仏法は功を用うる処無し。秖《た》だ是《こ》れ平常無事にして、阿屎送《あしそう》尿《にょう》、著衣喫飯《じゃくえきつぱん》、困《こん》じ来れば即ち臥《ふ》す。愚人は我れを笑うも、智は乃《すなわ》ち焉《これ》を知る。古人云く、外に向かって功夫《くふう》を作《な》すは、揔《そう》に是れ癡頑《ちがん》の漢《かん》と。你《なんじ》且《しば》らく随処に主と作《な》れ、立処《りっしょ》皆な真なり。境来るも、回換《えかん》し得ず。縦《たと》い従来の習気《じっけ》、五無間《ごむげん》の業《ごう》有るも、自から解脱の大海と為《な》る。今時の学者は、揔に法を識《し》らず。猶《な》お触鼻羊《そくびよう》の、物に逢著《ぶじゃく》して口《く》裏《り》に安在《あんざい》するが如し。奴郎《ぬろう》弁ぜず、賓主分たず。是《かく》の如きの流、邪心の入道、閙処《にょうしょ》に即ち入る。名づけて真の出家人と為すことを得ず、正《まさ》に是れ真の俗家の人なり。

夫《そ》れ出家なるものは、須《すべか》らく平常《びょうじょう》真正の見解を弁得《べんとく》して、仏を弁じ魔を弁じ、真を弁じ偽を弁じ、凡を弁じ聖を弁ずべし。若《も》し是の如く弁得せば、真の出家と名づく。若し魔仏弁ぜずんば、正に是れ一家を出でて一家に入る。喚《よ》んで造業《ぞうごう》の衆生と作す。未だ名づけて真の出家と為すことを得ず。秖如《たとえ》ば今、一箇の仏魔有り、同体にして分たず、水乳の合するが如し。鵝王《がおう》は乳を喫す。如《も》し明眼《みょうげん》の道流ならば、魔仏倶《とも》に打《た》す。你若し聖を愛し凡を憎まば、生死海裏《しょうじかいり》に浮沈《ふちん》せん。

師又云。道流。仏法無用功処。秖是平常無事。阿屎送尿。著衣喫飯。困来即臥。愚人笑我。智乃知焉。古人云。向外作功夫。揔是癡頑漢。你且随処作主。立処皆真。境来回換不得。縦有従来習気。五無間業。自為解脱大海。今時学者摠不識法。猶如触鼻羊。逢著物安在口裏。奴郎不弁。賓主不分。如是之流。邪心入道。閙処即入。不得名為真出家人。正是真俗家人。夫出家者。須弁得平常真正見解。弁仏弁魔。弁真弁偽。弁凡弁聖。若如是弁得。名真出家。若魔仏不弁。正是出一家入一家。喚作造業衆生。未得名為真出家。秖如今有一箇仏魔。同体不分。如水乳合。鵝王喫乳。如明眼道流。魔仏倶打。你若愛聖憎凡。生死海裏浮沈。

## 本ものの出家

師匠はさらにいわれた、「仏法とは、手間ひまのかけようがないものだ。どこまでもあたりまえで、何事もなく、糞をひったり小便たれたり、着物をきたり飯をくったりして、疲れたら横[*1]になるだけのことだ。愚かな奴は、わしをバカにするが、知恵のある御人ならわかる。古人[*2]もいってござる、『外面をつくろうのは、てんからの大バカものだ』と。君たちは、まあどこででも、主人であることだ[*3]。足のふむところ、すべて真実だ。どんなワナも、君をひっかけることはできん。たとえ、前世の悪業や、奈落に落ちるしかない、五つの重罪[*4]でも、ちゃんと解放の大プールと変わる。今どきの修行者は、てんからものがわからぬ。あたかも鼻すり山羊[*5]のように、ぶつかったものは、なんでも口に放りこむ。奴隷と主人の区別も知らず、客あつかいのけじめもつけぬ。こんな不心得の道心坊主は、にぎやかなところ[*6]にはすぐ頭をつっこむ。本ものの出家とはいえぬ。まぎれもない俗物だ。

およそ出家とよばれるには、かならずあたりまえで、正直《まとも》な考えを身につけて、仏を見わけ、魔を見わけ、真実を見わけ、虚偽を見わけ、俗を見わけ、聖を見わけなくちゃ。この見わけができて、はじめて本ものの出家といえる。魔も仏も見わけられぬでは、まぎれもなく一方の家を出て、他の家に入るのだから、宿業の再生産というほかはない。とても本ものとはいえない。たとえば、ここに仏と魔が一体になっていて、区別がない。水と乳とが混ぜ合わさったようである。王さまの鵝鳥は、*7乳だけをのむ、眼のたしかな仲間なら、魔も仏も、どちらもたたきつける。君たち、聖人を慕って*8凡夫を嫌うなら、生死の海にアップアップするほかはないぞよ」

*1〈疲れたら…〉次の古人まで、すべて南岳懶瓚《らんさん》の「楽道歌」の句である。『頓悟要門』（下八）にも。

*2〈古人〉右にいう南岳懶瓚を指す。本名は明瓚で、北宗普寂（六五一〜七三九）の法をついだのち、湖南の南岳（衡山）に山居して世に出でず、玄宗の勅にも応ぜず、煨芋をかじって涕涎を拭わなかったので、懶瓚とよばれるようになった。

*3〈どこでも、主人であること…〉僧肇の『不真空論』に、「甚だ奇なり世尊よ、真際を動かさずして諸法の立処と為《な》る、真を離れて立処あるに非ず、立処即ち真なり」とあるのによる句。馬祖の語録にも引かれる。

*4〈奈落に落ちるしかない、五つの重罪〉奈落は地獄の最下層にあり、ここにおちたものは、一瞬のとぎれ目もなく苦痛を与えられる。父母と仏法僧を害した報いである。ただし後にいうように、臨済はこ

の五つの罪に、独自の解釈を加える（204、205ページ参照）。
＊5〈鼻すり山羊〉山羊は視力が弱く、鼻にふれたものは何でも食う。
＊6〈にぎやかなところ〉人の大勢集まるところ、世俗的に名声の高い寺など。
＊7〈王さまの鵝鳥は…〉『正法念処経』六十四にみえる話。ただし、乳だけとるのは、なお分別とする、新しい解釈がある。
＊8〈君たち、聖人を慕って…〉宝誌の『大乗讃』。

仏魔の区別が、あらためてとりあげられる。魔は、どこかにいるのではなくて、一つの価値に執するところ、すべてが魔となる。その最大なるものが、仏という魔である。世間の過失もまた同じ、仏法は敗者の自慰ならず。

四三　問う、如何なるか是れ仏魔。師云《いわ》く、你《なんじ》が一念の心、疑処《ぎしょ》是《こ》れ仏魔なり。你若し達得《たっとく》せば、万法無生《まんぽうむしょう》、心幻化《げんけ》の如く、更に一塵一法無《の》うして、処処清浄なる、是れ仏なり。然れば、仏と魔とは、是れ染浄《ぜんじょう》の二境なり。山僧が見処に約せば、無仏無衆生、無古無今、得る者は便ち得て、時節を歴《へ》ず。無修無証、無得無失、一切時中、更に別法無し。設《たと》い一法の此を過ぐる者有るも、我れは如夢如化《にょむにょけ》と説く。山僧が説く所、皆な是れなり。
道流よ、即今目前、孤明歴歴地《こみょうれきれきじ》に聴く者、此の人は処処に滞らず、十方に通貫し、三界に自在なり。一切境の差別に入るも、回換《えかん》すること能《あた》わず。一刹那の間に、法界に透入して、仏に逢《お》うては仏を説き、祖に逢うては祖を説き、羅漢に逢うては羅漢を説き、餓鬼に逢うては餓鬼を説き、一切処に向かって、国土に遊履《ゆうり》し、衆生を教化《きょうけ》して、未だ曾《かつ》て一念を離れず、随処に清浄にして、光十方に透《とお》り、万法一如《いちにょ》なり。

道流よ、大丈夫児、今日方《はじ》めて知る、本来無事なることを。秖《た》だ你が信不及なるが為めに、念念馳求《ちぐ》して、頭を捨てて頭を覓《もと》めて、自から歇《や》むこと能わず。円頓《えんどん》の菩薩の如きも、法界に入って身を現じ、浄土の中に向かって、凡を厭《いと》い聖を忻《ねが》う。此《かく》の如きの流《たぐい》は、取捨未だ忘ぜず、染浄の心在り。

禅宗の見解《けんげ》の如きは、又た且つ然らず。直《た》だ是れ見今なり、更に時節無し。山僧が説く処、皆な是れなり、一期《いちご》、薬病相《あ》い治《じ》し、摠《そう》に実法無し。若し是の如《かく》くに見得《けんとく》せば、是れ真の出家なり。日に万両の黄金を消《しょう》せん。道流よ、取次《しゅじ》に諸方の老師に面門を印破《いんぱ》せられて道《い》う、我れは禅を解《よく》し道を解すと。弁、懸河に似たるも、皆な是れ造地獄の業なるのみ。若し是れ真正の学道人ならば、世間の過を求めず、切急《せっきゅう》に真正の見解を求めんと要す。若し真正の見解に達せば、円明《えんみょう》にして、方始《はじめ》て了畢《りょうひつ》す。

問。如何是仏魔。師云。你一念心。疑処是仏魔。你若達得。万法無生。心如幻化。更無一塵一法。処処清浄是仏。然仏与魔。是染浄二境。約山僧見処。無仏無衆生。無古無今。得者便得。不歴時節。無修無証。無得無失。一切時中。更無別法。設有一法過此者。我説如夢如化。山僧所説皆是。道流。即今目前。孤明歴歴地聴者。此人処処不滞。通貫十方。三界自在。入一切境差別。不能回換。一刹那間。透入法界。逢仏説仏。逢祖説祖。逢羅漢説羅漢。逢餓鬼説餓鬼。向一切処。遊履国土。教化衆生。未曾離一念。随処清浄。光透十方。万法一如。道流。大丈夫児。今日方知。本来無事。秖為你信不及。念念馳求。捨頭覓頭。自不能歇。如円頓菩薩。入法界現身。向浄土中。厭凡忻聖。如此之流。取捨未忘。染浄心在。如禅宗見解。又且不然。直是見今。更無時節。山僧説処皆是。一期薬病相治。捴無実法。若如是見得。是真出家。日消万両黄金。道流。莫取次被諸方老師。印破面門道。我解禅解道。弁似懸河。皆是造地獄業。若是真正学道人。不求世間過。切急要求真正見解。若達真正見解。円明方始了畢。

## 仏を説き伏せよ

質問、「どういうものが、仏という魔ですか」

師匠、「君たちが、心に一瞬のはからいをもつのが、[*1]仏という魔である。君たちがもし、はからいを捨てて、あらゆる現象が別々に生じたもので[*2]なく、心は幻術の変化のようなものと知り、さらにまた一つの対象も、一つの存在もなく、どこもみな清浄（すっからかん）であるのが仏である。してみると、仏と魔は、汚れているか清浄かという、心の二つの境である。山法師の考えをいえば、仏もなければ凡夫もいない、昔（本来）もなければ今（現在）もないから、把《つか》むならすぐに把んで、手間ひまいらん。[*3]修行もなければ、さとり

（免許状）もなく、把むことも失うこともない。どんなときも、特別のカルテがあるわけではない。

『よしんば、これ以上に何かのカルテがあるとしても、わしにいわせると、そんなものは夢まぼろしにすぎん』[*4]

山法師の説も、これと同じである。

仲間よ。たったいま、わしの目の前で、まぎれもなくはっきりと、わしの話をきいている、この男が、どこにも腰をすえず、十方世界をつきぬけて、三つの迷いをおもいのままにするのだ。どんな差別のあるところに入っていっても、この男をふりむかせることはできない。一瞬のうちに、道理の世界に入りこんで、仏にであえば仏を説き伏せ、祖師にであえば祖師を説き伏せ、羅漢にであえば羅漢を説き伏せ、餓鬼にであえば餓鬼を説き伏せて、どんな所でも、さまざまの国土を経めぐって、人々を導きながら、およそ一瞬も心の外に出ることはない。どこも清浄で、十方にかがやきわたって、あらゆる存在が本性を失うことはない。

禅宗の考え

仲間よ、一人前の男は、今にして始めて[*5]みな何事もないとわかる。ほかでもない君たちが自から信じきれぬゆえに、寸時も休まず（外に）さがしまわり、自分の首を放っといて、[*6]

他の首をさがしつづけて、やすむことができんのである。完全で本来的な菩薩でさえ、道理の世界に身をおくと、浄土の中にいながら、[7]凡を嫌って聖を慕う。こんな連中は、よりごのみの心がふっ切れず、汚れと清浄という、でっかい分別を残している。

　禅宗の考えというものは、けっしてそうでない。ずばり現在完了で、何らの時間的限定がない。山法師の説法も同じことだ。すべて一時的な病気を治す薬材にすぎず、てんから決まったカルテがあるのではない。もしこう見てとれるなら、本ものの出家である。毎日万両の黄金を[8]使うに価する。

　仲間よ、おいそれとあちこちの老師たちに、おあいそを言われて、禅がわかり道がわかったなどというが、たとえ滝のような弁説の達者でも、地獄ゆきの業をつむだけだ。もし正直《まとも》な修行者なら、[9]世間の間違いなど気にせず、何はさておいても、正直な考えをもたねばならぬ。正直な考えをもって、心が完全にすっきりして、[10]はじめてけりがつくのである」

＊1〈はからい〉疑は擬であり、何かを考えること。
＊2〈あらゆる現象が…〉おそらくは成語である。
＊3〈手間ひまいらん〉「時節」は時間の長短のほかに、何時《いつ》・何処《どこ》という状況の意を含む。要するに、応急手当てである。

＊4〈よしんば、これ以上に…〉『小品般若経』八にみえる句。宗密の『禅源諸詮集都序』は、この句をもって牛頭《ごず》禅の宗旨とする。『百丈広録』にも引用がある。

＊5〈一人前の男は、今にして…〉『伝灯録』二十八、汾州大達国師上堂にいう、「大丈夫児、如今直下《いまじきげ》に便ち休歇《きゅうけつ》し去って、頓に万縁を息《や》め、生死の流れを超えて、迥《はる》かに常格を出で、霊光独り照らして物累に拘《かか》わらず、巍巍堂堂として三界に独歩す云々」

＊6〈自分の首を放っといて…〉〔三九〕にみえるヤージュニャダッタの故事による。

＊7〈浄土の中にいながら…〉浄土は、凡聖の差別のないところである。『華厳合論』三によると、これは根本知を得てもまだ差別知に達せぬ菩薩の過ちである。

＊8〈毎日万両の黄金を…〉『根本説一切有部尼陀那』二にみえる説。出家は、毎日の乞食《こつじき》以外に金銭を受けることを禁ぜられるが、ブッダはある日こういわれたという、「汝らもし信心をもって出家し、ひたすら涅槃を求めるなら、汝の身につけている衣は万金に価する。わたしはこれを受けることを許す。しかし、もし真実信心を失うなら、一口の食を受けても破戒である」

＊9〈もし正直な修行者なら…〉『六祖壇経』にみえる句。出典は『涅槃経』十で、過去第五仏の戒語である。

＊10〈完全にすっきりして〉北宗のテキストの一つ、『円明論』の説をふまえるか。

「正直《まとも》な考え」についての説明。正直とは清浄であること、清浄とは空であり、空とは、ものに即してものに執しないこと、したがってあらゆる処を自由に遍歴する作用の意となる。「入」とはそうした作用のことで、臨済の説法を解する、一つの重要な鍵である。

四三　問う、如何なるか是れ真正の見解。師云く、你《なんじ》但《も》し一切《すべ》て、凡に入り聖に入り、染《ぜん》に入り浄に入り、諸仏の国土に入り、弥勒《みろく》の楼閣《ろうかく》に入り、毘盧遮那《びるしゃな》法界《ほっかい》に入るに、処処に皆な国土を現じて、成住壊空《じょうじゅうえくう》するを見る。仏は世に出でて大法輪を転ずるも、却って涅槃《ねはん》に入って、去来《こらい》の相貌《そうみょう》有ることを見ず。其の生死《しょうじ》を求むるに、了《つい》に不可得《ふかとく》なり。便《すなわ》ち無生法界《むしょうほっかい》に入って、処処に国土に遊履《ゆうり》し、華蔵《けぞう》世界に入るも、尽《ことごと》く諸法の空相にして、皆な実法無きことを見る。唯《た》だ聴法無依《むえ》の道人のみ有り、是れ諸仏の母なり。所以《ゆえ》に仏は無依従《よ》り生まる。若し無依を悟れば、仏も亦た得ること無し。若し是《かく》の如く見得《けんとく》せば、是れ真正の見解なり。

学道の人、了《りょう》ぜずして、名句《みょうく》に執するが為めに、他の凡聖の名に礙《さ》えらる。所以に其の道眼《どうげん》を障《さ》えて、分明なることを得ず。祇《たとえ》ば十二分教は、皆な是れ表顕《ひょうけん》の説と為す。学者不会《ふえ》にして、便ち表顕名句の上に向かって解《げ》を生ず。皆な是れ依倚《えい》にして、因果に落在《らくざい》す、未だ三界の生死《しょうじ》を免れず。你若し生死去住《しょうじこじゅう》、脱著《だつじゃく》自由ならんと欲得《おも》わば、即今聴法する底の人を識取《しきしゅ》せよ、無形無相《むぎょうむそう》、無根無本、無住処《むじゅうしょ》にして活撥撥地《かっぱつぱっち》なり。応是《あらゆる》万種の施設《せせつ》は、用処《ゆうじょ》祇だ是れ無処《しょ》。所以《ゆえ》に覓著《みゃくじゃく》すれば転《うた》た遠く、之を求むれば転た乖《そむ》く、之を号して秘密と為す。

道流よ、你箇《こ》の夢幻の伴子《ばんす》を、認著《にんじゃく》すること莫《な》かれ。遅晩中間《ちばんちゅうげん》、便ち無常に帰せん。

你此の世界の中に向かって、箇の什麽物《なにもの》をか覓《もと》めて解脱と作《な》す。一口《いっく》の飯を覓取《みゃくしゅ》して喫し、毳《ぜい》を補って時を過ごさんよりは、且《しば》らく知識を訪尋せんことを要す。因循《いんじゅん》として楽を逐《お》うて時を過ごすこと莫かれ。光陰惜しむ可《べ》し、念念無常なり。麁《そ》なるときは則ち地水火風を被《こうむ》り、細《さい》なるときは則ち生住異滅《しょうじゅういめつ》の、四相の所逼《しょひつ》を被る。道流よ、今時且らく四種無相の境を識取《しきしゅ》して、境に擺撲《はいぼく》せらるるを、免れんことを要す。

問如何是真正見解。師云。你但一切入凡入聖。入染入浄。入諸仏国土。入弥勒楼閣。入毘盧遮那法界。処処皆現国土。成住壊空。仏出于世。転大法輪。却入涅槃。不見有去来相貌。求其生死。了不可得。便入無生法界。処処遊履国土。入華蔵世界。尽見諸法空相。皆無実法。唯有聴法無依道人。是諸仏之母。所以仏従無依生。若悟無依。仏亦無得。若如是見得者。是真正見解。

学道人不了。為執名句。被他凡聖名碍。所以障其道眼。不得分明。秖為十二分教。皆是表顕之説。学者不会。便向表顕名句上生解。皆是依倚。落在因果。未免三界生死。你若欲得生死去住。脱著自由。即今識取聴法底人。無形無相。無根無本。無住処活撥撥地。応是万種施設。用処秖是無処。所以覓著転遠。求之転乖。号之為秘密。道流。你莫認著箇夢幻伴子。遅晩中間。便帰無常。你向此世界中。覓箇什麽物作解脱。覓取一口飯喫。補毳過時。且要訪尋知識。莫因循逐楽過時。光陰可惜。念念無常。麁則被地水火風。細則被生住異滅。四相所逼。道流。今時且要識取。四種無相境。免被境擺撲。

## 名目にとらわれてはならない

質問、「どういうところが、正直《まとも》な考えですか」

師匠、「君たちは、およそ凡夫の仲間に入り[*1]、聖者の仲間に入り、汚れに入り、きれいどころに入り、さまざまの仏国土に入り、弥勒菩薩の宮殿[*2]に入り、光明遍照する道理の世界[*3]に入るとき、どこでもみなそれらの国土が完成し[*4]、一定の形をとどめ、やがてこわれて、空《くう》に帰するのを見るであろう。仏だって、この世にあらわれて偉大な教えの輪を、くりひろげられても、そのあとは寂滅の世界に入って、行ったり来たりされる気配がみえん。かれの生死の姿を探しても、けっきょく把《つか》むことはできない。つまり、ものの生ずることのない、道理の世界[*5]に入り、あちらこちらと国々を経めぐって、蓮華蔵世界[*6]に入ってみても、あらゆる存在は空しいもので、およそ実体的な存在など、何もないとわかる。ただあるのは、わしの説法をきいている、よりどころもたぬ修行者（の心）だけが、さまざまの仏を生みだす母である。したがって、仏はよりどころもないところから生まれるので、何のよりどころもないと悟るなら、仏もまた把みようがない。こうわかるなら、これが正直な考え方である。

学生《きみ》たちは道を学んで、するべきことをせず、名目にとりすがるから、凡と聖という名にひっかかり、そのために、（せっかくの）心眼をくらまし、ものをはっきりさせることができない。たとえば仏が語った、十二種の経典は、すべて表むきの説明にすぎないのに、学生《きみ》たちは何も知らないで、表むきの名目にのせられて分別を起こす。いずれも仮りもの[*7]にすぎず、前世の因果におちこんで、三つの迷いの世界に、生まれたり死んだりすることを避けられない。君たちがもし、この世に生まれて死ぬこと、つまりこの世を出ていくことと住《とど》まることを、あたかも衣服を脱いだり着たりするように、自由でありたいと思うなら、たったいま、わしの説法をきいている、当の本人を見つけ出すことだ。この男は、身もなければ姿もなく、根もなければ本もなく、何処に住むこともなく、（何処でも）ぴちぴちはねまわって、[*8]およそ無限の設備[*9]（容器）も、使いこなすのに場所をとらん。探せば探すほど遠ざかり、呼べば呼ぶほどすれちがうから、これを秘密というのである。

## 四つの変わりようのない境地

仲間よ、君たちは、夢か幻のような手足（肉体）をたよってはならぬ。遅かれ早かれ、そのうち無常（死）ときまっている。君たちは、この世で何を把んで、（奴隷）解放などというのか。飢えをしのぐだけの食いものを得、僧衣をつくろって時間を送るなら、まあ先人をたずねることだ。ぐずぐずと安逸をむさぼっていてはならぬ。日月は移りやすい。刻々が無常である。大にしては地[*10]・水・火・風[*11]の四つにしてやられ、個物としては生・住・異・滅[*12]という、四つにおしまくられる。仲間よ、今、大事なことは、まあ四つの変わりようのない大地を見つけ[*13]、相手におしつぶされぬようにすることだ」

＊1〈およそ凡夫の仲間に入り〉原文の「入」は、先に117ページに注するように、心の在りようにすぎない。

＊2〈弥勒菩薩の宮殿〉弥勒は将来この世に降って、釈迦の遺法を完成する菩薩。『華厳経』入法界品で、善財童子が多くの友人を歴訪し、五十二番目にこの菩薩をたずねる。「楼閣」は弥勒浄土の建物。

＊3〈光明遍照する道理の世界〉弥勒の国を指す。光明無量の国である。

＊4〈それらの国土が完成し…〉以下、世界の成住壊空をいう。いずれも無限の時間を経てのことである。

＊5〈ものの生ずることのない、道理の世界〉生滅を越えた、真実在の世界。自然に在るので、あらためて生ずるものはない。

＊6〈蓮華蔵世界〉因果同時の国土。蓮が華の中にすでに実を含んでいるのを、蔵にたとえて、因と果とが同時に存在する立場をあらわす。

＊7〈仮りもの〉『宛陵録』一六に、「もし無心を学べば、亦《ま》た分別無く、亦た依倚《えい》無く、亦た住著《じゅうじゃく》無く……」とある。

＊8〈ぴちぴちはねまわって〉「活鱍鱍地」とも書いて、魚が元気よくはねる様子をいう。『歴代法宝記』にみえるのが最初で、のちに宋の程子が『中庸』第十二章の説明に用いたことから、禅語と俗語の議論が分かれる。

＊9〈およそ無限の設備…〉「応是万種施設」は俗語。施設《せせつ》は、心と物のすべて。要するに、類概念である。

＊10〈大にしては〉次の「個」に対して、粗なるものをいう。したがって「個」は微細な心の世界を指す。『起信論』に、三細六麁を数える。

＊11〈地・水・火・風〉ものを構成する四つの要素。
＊12〈生・住・異・滅〉生きものの一生の変化、生老病死に同じ。
＊13〈四つの変わりようのない大地〉次の〔四四〕で詳説される。

前段の末尾に出た「四つの変わりようのない大地」をめぐって、説法は進められる。四大を四大たらしめ、四大を使う人こそ、真の聖者だと臨済はいい、文殊・普賢・観音という三聖も、われわれの自由な心の働き以外にないので、こう考えてはじめて、経典を読むに足るとする。

**四四** 問う、如何なるか是れ四種無相の境。師云く、你《なんじ》が一念心の疑、地に来り礙《さ》えらる。你が一念心の愛、水に来り溺らさる。你が一念心の瞋《しん》、火に来り焼かる。你が一念心の喜《き》、風に来り飄《ひるがえ》さる。若《も》し能《よ》く是《かく》の如くに弁得《べんとく》せば、境に転ぜられず、処処に境を用いて、東涌西没《とうゆせいもつ》、南涌北没、中涌辺没、辺涌中没、水を履《ふ》むこと地の如く、地に入ること水の如くならん。何に縁《よ》ってか此《かく》の如くなる。四大の如夢如幻《にょむにょげん》なるに達するが為めの故なり。

道流、你秖《た》だ今聴法する者、你が四大を見ずして、能く你が四大を用う。若し能く是の如くに見得《けんとく》せば、便乃《すなわ》ち去住《こじゅう》自由なり。山僧が見処に約せば、嫌う底《てい》の法勿《な》し。你若し聖を愛せんも、聖というは、聖の名なり。有る一般《ひとつら》の学人、五台山裏に向かって文殊を求む、早《すで》に錯《あやま》り了《おわ》れり。五台に文殊無し。你文殊を識《し》らんと欲《おも》うや。秖だ你目前の用処、始終不異《ふい》、処処不疑《ふぎ》なる、此箇《しこ》は是れ活《かつ》文殊、你が一念心の無差別光、処処摠《そう》に是れ真の普賢《ふげん》なり。你が一念心、自から能く縛を解《と》いて、随処に解脱する、此《これ》は是れ観《かん》音三昧《のんざんまい》の法なり。互いに主伴と為《な》って、出ずるときは則ち一時に出でて、一即三、三即一なり。是の如くに解得《げとく》して、始めて好《よ》し看教《かんきょう》するに。

問。如何是四種無相境。師云。你一念心疑。被地来碍。你一念心愛。被水来溺。你一念心瞋。被火来焼。你一念心喜。被風来飄。若能如是弁得。不被境転。処処用境。東涌西没。南涌北没。中涌辺没。辺涌中没。履水如地。入地如水。縁何如此。為達四大如夢如幻故。道流。你秖今聴法者。不見你四大。能用你四大。若能如是見得。便乃去住自由。約山僧見処。勿嫌底法。你若愛聖。聖者聖之名。有一般学人。向五台山裏求文殊。早錯了也。五台無文殊。你欲識文殊麼。秖你目前用処。始終不異。処処不疑。此箇是活文殊。你一念心無差別光。処処摠是真普賢。你一念心。自能解縛。随処解脱。此是観音三昧法。互為主伴。出則一時出。一即三。三即一。如是解得。始好看教。

## 四つの要素を使うもの

質問、「どういうものが、四つの変わりようのない大地[*1]ですか」

師匠、「君たちの一瞬の疑いの心が、土地という要素に自分を固まらせるのであり、君たちの一瞬の渇愛が、水という要素に自分を溺れさせるのであり、君たちの一瞬の怒りが、火という要素に自分を焼かせるのであり、君たちの一瞬の歓びが、風という要素に自分を翻弄させるのである。こう心得るなら、諸君は[*2]環境（土地）に引きずられないで、どこででも環境を使って、東におどりでて西に姿を消し、南におどりでて北に姿を消し、中央におどりでて周辺に姿を消し、周辺におどりでて中央に姿を消し、水上を地上と同じように歩き、地上を水上と同じように歩くことができる。どうしてこうなるのかというと、右にいう四つの要素が、夢か幻のように実体のないものであると、知りぬいているからである。

## 五台山に文殊はいない

仲間よ、君たちという、今わしの説法をきいている奴は、四つの要素でできた君たちを見ないで、四つの要素でできた君たちを、使うことができる。こう考えることができてはじめて、この世を出ることも、とどまることも、思いのままである。山法師の考えをいうと、疑わしいものは[*3]何一つない。君たちは、たとえ聖者を好んでも、聖者という名にすぎん。ある手の修行者が、五台山に文殊をおがみに[*4]ゆくのは、どだい間違いだ。五台山に文殊はおらん。君たちが、文殊に会いたいと思うなら、ほかでもない君たちという、わしの目の前で動きまわって、いつも変わらず、何もくさいと思われぬのが、これが生きた文殊さまだ。君たちの差別のない、一瞬の心の輝きこそ、どこでもみな本ものの普賢さまである。君たちが一瞬のうちに、思いのままに繫縛《けばく》をときほぐし、どこにいても解放できるのが、それが観音三昧の行である。[*5]互いに主となりワキとなって、[*6]（聖者の）すがたをあらわすときは、いつも同時にすがたをあらわし、一人がそのまま三人であり、三人がそのまま一人である。こう理解できてはじめて、お経を読むにふさわしい[*7]」

＊1〈四つの変わりようのない大地〉四大は単に物の世界だけでなく、心情の世界にもしのびこむ。それらに乗ぜられぬところが、四つの変わりようのない大地である。

＊2〈東におどりでて西に姿を消し…〉以下、環境を使いこなす自由さを、経典に説く六種震動や十八神変《じんぺん》などの奇蹟的能力に寄せて説く。この説法の最後のところで、「お経を読むにふさわしい」ということの伏線である。

＊3〈疑わしいもの〉嫌疑の意。先にいう（53ページ）、くさいとにらむ（疑著）意。

＊4〈五台山に文殊をおがみに…〉当時、五台山に巡礼して文殊を礼せんとする、通俗信仰が、きわめて盛大であった。

＊5〈観音三昧の行〉『法華経』の普門品に、観音を念じて厄難を脱する功徳を説くのを指す。別に『観音三昧経』という、中国撰の経がある。

＊6〈互いに主となりワキとなって…〉三尊仏の様式によりつつ、三者が互いに交替するもの。李通玄の『華厳合論』五、『祖堂集』二十の五冠山順之の章など。

＊7〈お経を読むに…〉俄《にわ》か勉強する道心者がいたのだろう。

環境（セット）に縛られるのではなくて、環境を使うのが臨済の行き方である。経典も教義も、すべて人が作ったものである。大丈夫にしてはじめて、それらを活用できる。人ができていなければ、古道具にとどまる。

**四五** 師又た云《いわ》く、如今《いま》学道の人、且《しば》らく自《みず》から信ぜんことを要す。外に向かって覓《もと》むること莫《な》かれ。捴《そう》に他の閑塵境に上って、都《すべ》て邪正を弁ぜず。秖如《たとえ》ば祖有り仏有るは、皆な是れ教迹《きょうしゃく》中の事《じ》なり。有る人一句子《いっくす》の語を拈起《ねんき》して、或は隠顕《おんけん》の中より出《い》ずれば、便即《すなわ》ち疑生じて、天を照らし地を照らし、傍家《ぼうけ》に尋問して、也《ま》た太《はなは》だ忙然たり。大丈夫児、秖麼《しも》に主を論じ賊を論じ、是を論じ非を論じ、色を論じ財を論じ、論説閑話《かんな》して日を過ごすこと莫かれ。山僧が此間《すかん》には、僧俗を論ぜず、但有《すべ》て来る者は、尽《ことごと》く伊《かれ》を識得す。任《たと》い伊《かれ》が甚《いずれ》の処に向かって出で来るも、但有《すべ》て声名文句は、皆な是れ夢幻なり。却って境に乗ずる底《てい》の人、是れ諸仏の玄旨なることを見る。仏境は自から我れは是れ仏境なりと称すること能わず、還《かえ》って是れ者箇《しゃこ》無依の道人、境に乗じて出《い》ず。若し有る人出で来って、我れに求仏《ぐぶつ》を問えば、我れ即ち清浄《しょうじょう》の境に応じて出ず。有る人我れに菩薩を問えば、我れ即ち慈悲の境に応じて出ず。有る人我れに菩提を問えば、我れ即ち浄妙の境に応じて出ず。有る人我れに涅槃《ねはん》を問えば、我れ即ち寂静《じゃくじょう》の境に応じて出ず。境は即ち万般差別すれども、人は即ち別ならず。所以《ゆえ》に物に応じて形を現ずること、水中の月の如し。

道流よ、你若《なんじも》し如法《にょほう》ならんと欲得《おも》わば、直《た》だ須《すべか》らく是れ大丈夫児にして始めて得べし。者《こ》の萎萎随随《いいずいずい》地は、則ち得ず。夫《そ》れ如《も》し㽄《せい》〔音は西〕嗄《さ》〔所嫁の切〕の器は、醍醐《だいご》を貯うるに堪えず。如《も》し大器ならば、直《た》だ人惑《にんわく》を受けざることを要す。随処に主と作《な》れば、立処《りっしょ》皆な真なり。但有《すべ》て来る者は、皆な受くることを得ず。你が一念の疑、即ち魔は心に入る。如し菩薩の疑う時も、生死の魔は便《たより》を得ん。但《た》だ能《よ》く念を息《や》めよ、更に外に求むること莫かれ。物来らば即ち照らせ。你但だ現今用うる底を信ぜよ、一箇の事も也《ま》た無し。你が一念心、三界を生じて、縁に随い境を被って、分かれて六塵と為《な》る。你如今《いま》応用する処、什麼《なに》をか欠少《かんしょう》する。一刹那の間に、便ち浄に入り穢《え》に入り、弥勒《みろく》の楼閣《ろうかく》に入り、又た三眼《さんげん》国土に入って、処処に遊履《ゆうり》して、唯《た》だ空名を見るのみ。

師又云。如今学道人。且要自信。莫向外覓。捴上他閑塵境。都不弁邪正。秖如有祖有仏。皆是教迹中事。有人拈起一句子語。或隠顕中出。便即疑生。照天照地。傍家尋問。也太忙然。大丈夫児。莫秖麼論主論賊。論是論非。論色論財。論説閑話過日。山僧此間。不論僧俗。但有来者。尽識得伊。任伊向甚処出来。但有声名文句。皆是夢幻。却見乗境底人。是諸仏之玄旨。仏境不能自称我是仏境。還是者箇無依道人。乗境出来。若有人出来。問我求仏。我即応清浄境出。有人問我菩薩。我即応慈悲境出。有人問我菩提。我即応浄妙境出。有人問我涅槃。我即応寂静境出。境即万般差別。人即不別。所以応物現形。如水中月。

道流。你若欲得如法。直須是大丈夫児始得。者萎萎随随地。則不得也。夫如嫳嗄上音西。下所嫁切。之器。不堪貯醍醐。如大器者。直要不受人惑。随処作主。立処皆真。但有来者。皆不得受。你一念疑。即魔入心。如菩薩疑時。生死魔得便。但能息念。更莫外求。物来即照。你但信現今用底。一箇事也無。你一念心生三界。随縁被境。分為六塵。你如今応用処。欠少什麼。一刹那間。便入浄入穢。入弥勒楼閣。又入三眼国土。処処遊履。唯見空名。

## 自から信ぜよ

師匠は、さらにいわれた、「いまごろ仏道を学ぶものは、まず自から信ずることが必要だ。内外を探して、てんから古くさいシナリオ[*1]にのっかってはいかん、(奴らは)まったく事のよしあしを見分けん。たとえば、祖師や仏さまといっても、すべてシナリオにすぎぬ。誰かがひょっと一くだりの聖句をとりだして、隠れた意味を表わすと、たちまち気をとられて、天を探し地を探して、わきみちにたずねまわって、まったくわけがわからぬことになる。一人前の大男が、ただもう主人だ賊軍だ、よいの、わるいの、色欲の物欲のと、議論するだけで、無益なニュースに日時をつぶしてはならぬ。山法師のところでは、僧であろうと俗であろうと、およそやってくる奴は、一人残らず相手を識別する。相手が、たとえどんな場所にあらわれても、かれのあらゆるみかけだおしの名声は、要するに夢か幻にすぎない。逆に、相手のシナリオにつけこむ男のほうが、もろもろの仏の奥義を心得ているというものだ。

仏のシナリオは、*2 自分でシナリオなどとはいわない。むしろこちら側の、よりかかりをもたぬ修行者のほうが、シナリオにつけこんで出てゆく。たとえば、ある男があらわれて仏を求めるといえば、こちらはすぐに清らかな境地にふさわしい仕方で出てゆく。ある男が菩薩をたずねたら、こちらはすぐに慈悲の境地にふさわしい仕方で出てゆく。ある男が悟りをたずねたら、こちらはすぐにおくゆかしい境地にふさわしい仕方で出てゆく。ある男が寂滅をたずねたら、こちらはすぐに静寂な境地にふさわしい仕方で出てゆく。シナリオは無数にちがっても、その使い手にちがいはない。いうならば、『相手に応じて姿をあらわす、*3 水にうつる月かげのように』

## 一人前の男

仲間よ、君たち、堅気であろうとおもうなら、どこまでも一人前でなくてはならぬ。ふにゃふにゃでは駄目だ。ひびのはいった容器に、*4 上等のバターをしまうわけにはいかぬ。大物なら、けっして世間の誘いには引かれん。どこにいても、自主性を貫くことだ、*5 足のふむところ、すべてが真実である。何がやってきても、（相手に）引かれてはならぬ。君たちが一刻も気をとめると、悪魔はもう君の心にくいこむ。菩薩でも、とまどえば生死の悪魔がつけこむ。時の動きに留意するだけでよい、けっして外を求めてはならぬ。何が来ても、すぐに映し返すのだ。君たちが今、用いているものを信ずるだけのことだ、他に何事もありはしない。君たちの心が動くと、一瞬に三つの迷いを生み出し、条件次第で相手に引かれて、六つ（色・声・香・味・触・法）に分かれる。君たちが今、相手に働きかけるのに、いったい何が足らぬというのだ。一瞬のうちに、清浄な世界に行き、汚れたところに行き、弥勒の宮殿に行き、三種の明るい眼の浄土[*6]についても、あちらこちらとめぐりあるいただけで、すべて空しい名所にすぎぬと判るであろう」

＊1〈古くさいシナリオ〉先に〔九〕にいう、鋪地錦を指す。古人が使った道具、テクニック。
＊2〈仏のシナリオは…〉役者があってのシナリオである。『無心論』の序に「夫理無言」という意。
＊3〈相手に応じて姿をあらわす…〉『金光明経』二の句。
＊4〈ひびのはいった容器〉本文の「⿱斯瓦嗄」についている注は、『一切経音義』によるものらしい。
＊5〈どこにいても、自主性を貫くことだ…〉すでに〔四〕にみえる。
＊6〈三種の明るい眼の浄土〉次の段で展開される趣旨。

前段の末尾に出された「三種の明るい眼の浄土」をめぐって、説法は展開してゆく。経典や教義のみではない、坐禅や修行もまた、人が設けたものだ。明るい眼がなければ、単なる苦行にとどまる、地獄の業の、再生産にほかならぬ。

四六　問う、如何《いか》なるか是れ三眼国土。師云《いわ》く、我れ汝と共に浄妙国土の中に入って、清浄衣を著《つ》けて、法身仏を説き、又た無差別国土の中に入って、無差別衣を著けて報身仏を説き、又た解脱国土の中に入って、光明衣を著けて、化身仏を説く。此の三眼国土は、皆な是れ依変《えへん》なり。経論家《きょうろんげ》に約せば、法身を取って根本と為《な》し、報化二身を用と為す。山僧が見処は、法身は即ち解《よ》く説法せず。所以《ゆえ》に古人云く、身は義に依りて立し、土は体に拠《よ》って論ずと。法性身、法性土、明らかに知んぬ、是れ建立《こんりゅう》の法、依通《えつう》の国土なることを。空拳黄葉《くうけんこうよう》、用《も》って小児を誑《たぶら》かす。蒺藜菱刺《しつりりょうし》、枯骨上《ここつじょう》に什麼《なん》の汁をか覓《もと》めん。心外《しんげ》無法、内も亦た不可得《ふかとく》、什麼物《なにもの》をか求めん。你《なんじ》諸方に言道《い》う、修有り証有りと。錯《あやま》ること莫《な》かれ。設《たと》い修し得る者有るも、皆な是れ生死の業なり。你言う、六度万行《ろくどまんぎょう》斉《ひと》しく修すと。我れ見るに皆な是れ造業なり。仏を求め法を求むるは、即ち是れ造地獄《ぞうじごく》の業なり。菩薩を求むるも亦た是れ造業、看経看教《かんきんかんぎょう》も亦た是れ造業。仏と祖師とは是れ無事の人なり。所以に、有漏有為《うろうい》、無漏無為《むろむい》、清浄業と為《な》る。有る一般《ひとつら》の瞎禿子《かっとくす》は、飽くまで飯を喫し了《おわ》り、便《すなわ》ち坐禅観行《ざぜんかんぎょう》して、念漏《ねんろ》を把捉《はしゃく》して放起《ほうき》せしめず、喧《けん》を厭《いと》い静《じょう》を求む、是れ外道《げどう》の法なり。祖師云く、你若《も》し住心看静《じゅうしんかんじょう》、挙心外照《こしんげしょう》、摂心内澄《せっしんないちょう》、凝心入定《ぎょうしんにゅうじょう》せば、是《かく》の如きの流《たぐい》、皆な是れ造作なりと。是れ你如今《いま》、与麼《よも》に聴法する底の人、作麼生《そもさん》か擬《ぎ》して、他を修し他を証し、他を荘厳《しょうごん》せん。渠《かれ》は且つ是れ修する底の物にあらず、是れ荘厳し得る底の物にあらず。若し他をして你を荘厳せしめば、一切の物は即ち荘厳し得ん。你且《しば》らく錯ること莫かれ。

道流よ、你は者《こ》の一般の老師の口裏《くり》の語を取って、是れ真道《しんどう》なり、是れ善知識不思議なり、我れは是れ凡夫心、敢えて他の老宿を測度《そくたく》せずと為《い》う。瞎屢生《かつるせい》、你一生秖《た》だ者箇《しゃこ》の見解を作して、者《こ》の一双の眼に辜負《こふ》す。冷噤噤地《れいきんきんじ》にして凍凌《とうりょう》上の驢《ろ》駒の如くに相《あ》い似て、我れ敢えて善知識を毀《そし》らず、口業《くごう》を生ぜんことを怕《おそ》る、と。

道流よ、夫《そ》れ大善知識にして、始めて敢えて仏を毀《そし》り祖を毀り、天下を是非し、三蔵教を排斥し、諸小児を罵辱《めじょく》して、逆順の中に向かって人を覓《もと》む。所以《ゆえ》に我れ十二年中に於て、一箇の業性《ごっしょう》を求むるに、芥子許《けしばかり》の如きも不可得なり。若し新婦子《しんぷす》に似たる禅師ならば、便即《すなわ》ち院を趁《お》い出だして、飯を与えて喫せしめず、不安不楽ならしめらるることを怕れん。古よりの先輩は、到る処に人信ぜず、逓出《ていしゅつ》せられて始めて、是れ貴きことを知る。若し到る処に人尽《ことごと》く肯《うけが》わば、什麼《なに》を作《な》すにか堪えん。所以に、師子一吼《いっく》して、野干脳裂《やかんのうれつ》す。

道流よ、諸法に説く、道の修す可《べ》き有り、法の証す可き有りと。你且らく説け、何の法をか証し、何の道をか修す。你が今の用処《ゆうじょ》、什麼物《なにもの》をか欠少《かんしょう》し、何の処をか修補する。

後生《こうせい》の小阿師不会《しょうあしふえ》にして、便即《すなわ》ち者般《しゃはん》の野狐の精魅《しょうみ》を信じて、他の事を説いて他人を繫縛し、言道《い》うことを許す。理行相応、三業を護惜《ごしゃく》して、始めて成仏することを得と。此《かく》の如く説く者は、春の細雨の如し。古人云く、路に達道の人に逢わば、第一道に向かうこと莫かれと。所以に言う、若し人、道を修せば道行われず、万般の邪境頭を競うて生ず。智剣出で来って一物無し、明頭《みょうとう》未だ顕われざるに暗頭《あんとう》明らかなりと。所以に古人云《いわ》く、平常心《びょうじょうしん》是れ道と。

大徳よ、什麼物をか覓めん。現今目前聴法、無依の道人、歴歴地に分明にして、未だ曾《かつ》て欠少《かんしょう》せず。你若し祖仏と別ならざらんと欲《おも》わば、但《た》だ是《かく》の如くに見よ、疑誤《ぎご》することを用いず。你が心心不異《しんじんふい》なる、之を活祖《かっそ》と名づく。心若し異有らば、則ち性相《しょうそう》別なり。心不異の故に、即ち性は相と別ならず。

問。如何是三眼国土。師云。我共你入浄妙国土中。著清浄衣。説法身仏。又入無差別国土中。著無差別衣。説報身仏。又入解脱国土中。著光明衣。説化身仏。此三眼国土。皆是依変。約経論家。取法身為根本。報化二身為用。山僧見処。法身即不解説法。所以古人云。身依義立。土拠体論。法性身法性土。明知是建立之法。依通国土。空拳黄葉。用誑小児。蒺藜菱刺。枯骨上覓什麼汁。心外無法。内亦不可得。求什麼物。你諸方言道。有修有証。莫錯。設有修得者。皆是生死業。你言。六度万行斉修。我見皆是造業。求仏求法。即是造地獄業。求菩薩亦是造業。看経看教。亦是造業。仏与祖師。是無事人。所以有漏有為。無漏無為。為清浄業。有一般瞎禿子。飽喫飯了。便坐禅観行。把捉念漏。不令放起。厭喧求静。是外道法。祖師云。你若住心看静。挙心外照。摂心内澄。凝心入定。如是之流。皆是造作。是你如今与麼聴法底人。作麼生擬。修他証他荘厳他。渠且不是修底物。不是荘厳得底物。若教他荘厳你。一切物。即荘厳得。你且莫錯。

道流。你取者一般老師口裏語。為是真道。是善知識不思議。我是凡夫心。不敢測度他老宿。瞎屢生。你一生秖作者箇見解。辜負者一双眼。冷噤噤地。如凍凌上驢駒相似。我不敢毀善知識。怕生口業。道流。夫大善知識。始敢毀仏毀祖。是非天下。排斥三蔵教。罵辱諸小児。向逆順中覓人。所以我於十二年中。求一箇業性。如芥子許不可得。若似新婦子禅師。便即怕趁出院。不与喫飯。不安不楽。自古先輩。到処人不信。被逓出始知是貴。若到処人尽肯。堪作什麼。所以師子一吼。野干脳裂。道流。諸法説有道可修。有法可証。你且説。証何法修何道。你今用処。欠少什麼物。修補何処。後生小阿師不会。便即信者般野狐精魅。許他説事。繋縛他人言道。理行相応。護惜三業。始得成仏。如此説者。如春細雨。古人云。路逢達道人。第一莫向道。所以言。若人修道道不行。万般邪境競頭生。智剣出来無一物。明頭未顕暗頭明。所以古人云。平常心是道。

大徳。覓什麼物。現今目前聴法。無依道人。歴歴地分明。未曾欠少。你若欲得与祖仏不別。但如是見。不用疑誤。你心心不異。名之活祖。心若有異。則性相別。心不異故。即性与相不別。

## 三種の明るい眼の浄土

質問、「どういうのが三種の明るい眼の浄土[*1]ですか」

師匠、「わしは君たちをつれて、おくゆかしい国土に行くと、清らかな衣をきて[*2]、法身の仏を説得し、さらに物の差別のないくにに行くと、差別のない衣をきて、報身の仏を説得し、さらに解放のくにに行くと、光明の衣をきて、化身の仏を説得する。これら三つの明るい眼の浄土は、すべて行きがかりの変化にすぎまい。経論の研究者によると、法身を根本と考え、報身と化身をその作用と考えている。山法師の考えでは、法身は説法しない。[*3]古人も、『仏身は名義で立てる、[*4]国土は仏体によって説明する』といっている。法身も法身の国土も、気休めの存在であり、だまし上手[*5]の分別にすぎぬことは確かだ。空っぽのにぎりこぶしや、[*6]黄色い木の葉で、子供をだますのと同じ。はまびしや菱の実のとげ、乾《ひ》からびた（仏の）骨に、どんな水分を探すのか。心のほかに実体はない、心のうちも把えようはない。いったい、何を見つけるというのだ。

君たちは、各地で主張して、『（俺は）修行した、証悟した』といっている。心得違いをしてはいかん。よしんば修行できたとしても、すべて古い生死の業にすぎぬ。君たちは『六種の修行の完成[*7]をはじめ、五万とある細かい梯子をことごとくものにした』というが、俺の見るところ、すべて（新しい）業つくりにすぎぬ。今、仏を学び、法を学ぶのも、地獄ゆきの業である。菩薩を学ぶのもやっぱり業、お経を研究し、教義を調べるのも、やっぱり業つくりである。仏や祖師は、[*8]何事もない男のことである。したがって、煩悩や作為はもちろん、清浄も無作為も、清浄という業つくりだ。ある種の無学の坊主どもは、腹いっぱい飯を食うと、すぐに坐禅し瞑想に入る。妄念をつかまえて放さず、うるさいことを避け、静坐をねがう、これは外道の成果だ。祖師[*9]はいわれた、『君たちが心をおさめて、[*10]

内なる悟りをもとめ、心を集中して外を映す、心をおさめて内に澄ませ、心をこらして禅定に入ろうとするなら、こういう仲間は、すべてわきかせぎにすぎん』と。ほかならぬ君たちという、現在こうして説法をきいている男が、どんな具合に自分をつくろい、自分を主張し、自分を飾りたてようとするのか。その男はけっして、つくろえるようなものでないし、飾りたてられるようなものでもない。逆にもし、その男が君たちを飾りたててくれると、どんなに無学でもたちまち衣裳ができあがるのだ。君たち、まあ心得違いをせぬことだ。

### 偉大な友人

仲間よ、君たちは、ある種の老師たちが口にする、私の内緒をとりあげて、『本ものだ、この先達はすばらしい』と考え、『俺のような凡人が、どうしてあの長老の心をかいまみることができよう』などと思う。ぼんくらめ、君たちは死ぬまで、そんな了見を起こしどおしで、あたら二つの眼玉をつぶす。ぶるぶると、凍てついた土手の上のロバのように、『わしはとても先達を批判できぬ、あとのたたりが怖い』などという。

仲間よ、そもそも強い先輩でこそ、ことさらに仏を批判し、祖師を非難し、世の中のあらゆる是非を見分け、三蔵のおしえ[*11]をふみつぶし、子供たち[*12]をがなりちらし、賛否渦まくただ中で、本ものの自分を見つけだす。それでこそ、『わしは十二年も罪[*13]のたたりを探しつづけて、芥子《けし》つぶほどもみつからん』というのだ。花よめのように気の小さい禅坊は、すぐに寺をたたきだされて、飯をくわせてもらえず、安堵の思いもないのを恐れるであろう。古来のすぐれた先学は、どこに行っても人が信ぜず、つぎつぎに追いだされてこそ、はじめて尊敬されたものだ。どこに行っても、人がみな受け入れるようでは、そもそも何の役に立つものか。それでこういうのである、『ライオンが一声うなると、*14 野狐はみな卒倒する』と。

**何を修理するのか**

仲間よ、どこでもみな同じことをいう、『道をおさめなければいかん、真理をさとらねばいかん』。君たち、今の暮しに、いったいどんな真理をさとり、どんな道をおさめるというのだ。君たちは、いったい何が欠けていて、どこを修理するのか。新入りの小僧どもは、何も知らず、すぐにそんな老狐のばけの皮を信用し、もっともらしいことをいいたてて、相手をしばりあげ、『理論と行動が一致し、身体と言葉と心という三つの行為をつつしんで、はじめて仏になることができる』などというのにまかせる。そんなふうに説けば、春の細雨《こさめ》のようにしっとりと、*15 相手の心にしみいるものだ。古人もいっている、*16 『ばったり途上で、達人に出会ったときは、ぜったいに道の話をしてはいかん』と。それでこういわれる、『人が道をおさめると、*17 道はかえって行なわれん。さまざまの計算違いが、つぎからつぎへと起きてくる。そのとき文殊の利剣があらわれて、何も残さず切り払うと、明るい暗いが[18]分かれぬうちに、本物の闇夜が、全体を覆うのは必定』と。

それで、古人[19]はいう、『あたりまえの心が道である』。

修行僧よ、いったい何を探すのか。現在、わしの目の前で、（わしの）説法にききいっている、何のよりかかりもたぬ修行僧は、歴としてはっきり、[20]いちどだって何も欠けたことのない人だ。君たちが、祖師や仏と同じでありたいなら、こう考えるだけだ、とまどうことはない。俺の心が一瞬一瞬に変動しないのを、生きた祖師とよぶ。もし俺の心が変動すると、本体と現象[21]は二つになる。心が変動しないから、本体と現象が分かれぬと」

＊1 〈三種の明るい眼の浄土〉『華厳経』入法界品に説く善現比丘の浄土のこと。『華厳合論』九十六によると、法眼、智眼、恵眼の三。臨済は、そうした仏教学にかかわらず、ずばり三身仏とする。

＊2 〈清らかな衣を…〉すでに〔三九〕で、三身は三つの衣裳であるといい、「任運《にんぬん》に衣裳を著《つ》く」といっている。

＊3 〈法身は説法しない〉『伝心法要』七にいう、「仏に三身あり、法身は自性虚通の法を説き、報身は一切清浄の法を説き、化身は六度万行の法を説く。法身の説法は、語言音声、形相文字を以てせず、説く所無く、証する所無く、自性虚通するのみ、故に曰《い》う、法の説く可《べ》きなきを是を説法と名づくと」。古くダルマの語録をうける説。

＊4 〈仏身は名義で立てる〉すでに〔三九〕にみえる。

＊5〈だまし上手〉つぎの〔四七〕で、「業通依通《ごっつうえつう》」というのに同じ。通は神通の通だが、今は妖怪変化の力。

＊6〈空っぽのにぎりこぶしや…〉『涅槃経』嬰児行品や、『大般若経』五百九十九にみえる話。乾からびた人骨は、『大宝積経』五十七。

＊7〈六種の修行の完成…〉六度とよばれる大乗の修行も、自から起こした心の後始末にすぎない。

＊8〈仏や祖師は…〉徳山云く、「仏はただこれ箇の無事の人なり」（『円悟心要』上）

＊9〈祖師〉荷沢神会《じんね》を指す。

＊10〈君たちが心をおさめて…〉以下の四句は、神会が北宗禅の方法を、一まとめにして非難したもの。

＊11〈三蔵のおしえ〉ブッダの言葉、小乗教をいう。

＊12〈子供たち〉三蔵のおしえについてまわる、諸宗の学者をいう。元来は、『法華経』譬喩品に説く三車の話による言葉。

＊13〈わしは十二年も…〉おそらくは経論の引用。十二年は、大年とよばれ、年期の単位。『維摩経』仏道品に、天女の言葉があり、「十二年来、女人の相を求めて不可得」と。

＊14〈ライオンが一声うなると…〉『五分律』三にみえる話。

＊15〈春の細雨のように…〉いわゆる、マインドコントロール。『増一阿含経』十八、五十などにみえる表現。

＊16〈古人〉六祖恵能の弟子、司空山本浄（六六七～七六一）を指す。引用は、『祖堂集』三にみえる。

＊17〈人が道をおさめると…〉出所は明らかでないが、古人の語の引用である。

＊18〈明るい暗いが…〉明るいきざしは方便の知恵、闇夜のほうが本来の知恵で、根本知である。

＊19〈古人〉馬祖道一を指す。『伝灯録』二十八にみえる。

＊20〈歴としてはっきり〉探す必要はない。

＊21〈本体と現象〉本体は、六祖のいう本来清浄、現象は、心がものに応じて働いて、無数の形をとるところ。次段に、引きつぐ大テーマ。

前段のさいごに出る「心が変動しないところ」をめぐって、説法はさらに展開する。本録中もっとも長い一段である。主題も次々に変化して、とどまるところを知らない。「仏と祖師とは無事の人」といい、「仏に会ったら仏を殺せ、祖師に会ったら祖師を殺せ」といい、「全体作用」といい、さらに四賓主の実例をあげるなど、臨済の言葉として知られるものの大半が、この一段にあり、また、三祖僧璨《そうさん》の『信心銘』をはじめ、傅大士や馬祖など、古人の言葉も頻繁に引用される。

四七　問う、如何なるか是れ心心《しんじん》不異《ふい》の処。師云く、你《なんじ》問わんと擬《ぎ》する、早《すで》に異にし了《おわ》れり。性相《しょうそう》各《おのおの》分かる。道流よ、錯《あやま》ること莫かれ。世と出世の諸法は、皆な自性《じしょう》無く、亦た生性《しょうしょう》無し。但有《すべ》て空名にして、名字も亦た空なり。你秖麼《しも》に他の閑名《かんみょう》を認めて実と為す、大いに錯り了れり。設《たと》い有るも、皆な是れ依変《えへん》の境なり。箇《こ》の菩提依、涅槃依、解脱依、三身依、境智依、菩薩依、仏依有り。你、依変国土の中に向かって、什麼物《なにもの》をか覓《もと》むる。乃至《ないし》三乗十二分教も、皆な是れ不浄を拭う故紙《こし》、仏は是れ幻化身《げんけしん》、祖は是れ老比丘《ろうびく》なり。你還《ま》た是れ娘生《じょうしょう》なりや。你若し仏を求めば、即ち仏魔に摂《せっ》せられん。你若し祖を求めば、即ち祖（魔）に縛せられん。你若し求むること有れば、皆な苦なり、如《し》かじ無事ならんには。有る一般《ひとつら》の禿比丘《とくびく》、学人に向かって道《い》う、仏は是れ究竟《くぎょう》なり、大阿僧祇劫《あそうぎこう》に於て、修行果満《かまん》して、方始《はじめ》て成道すと。道流よ、你若し仏は是れ究竟なりと道《い》わば、什麽《なに》に縁《よ》ってか八十年の後、拘尸羅城双林樹間《くしらじょうそうりんじゅ》に向かって、側臥《そくが》して死し去る。仏は今何《いずく》にか在る。明らかに知る、我が生死と別ならざることを。你言う、三十二相八十種好《ごう》是れ仏なりと。転輪聖王《てんりんじょうおう》も応《まさ》に是れ如来なるべし。明らかに知る、是れ幻化なることを。古人云く、如来挙身《にょらいこしん》の相は、世間の情に順ぜんが為めなり。人の断《だん》見《けん》を生ぜんことを恐れて、権《か》りに且《しば》らく虚名《こみょう》を立す。仮りに三十二と言う、八十も也《ま》た空声《くうしょう》なり。有身《うしん》は覚体《かくたい》に非ず、無相乃《すなわ》ち真形《しんぎょう》と。你道う、仏は六通《ろくずう》有り、是れ不可思議と。一切の諸天神仙、阿脩羅大力鬼《あしゅらだいりきき》も、亦た神通《じんずう》有り、応《まさ》に是れ仏なるべきや。

道流よ、錯ること莫《な》かれ。秖如《たとえ》ば阿脩羅は天帝釈《てんたいしゃく》と戦い、戦敗れて八万四千の眷属《けんぞく》を領して、藕糸孔中《ぐうしくちゅう》に入って蔵《かく》る。是れ聖なること莫きや。如《も》し山僧が挙《こ》する所ならば、皆な是れ業通依通《ごっつうえつう》なり。夫《そ》れ如し仏の六通は然《しか》らず。色界《しきかい》に入って色惑を被らず、声《しょう》界《かい》に入って声惑を被らず、香界《こうかい》に入って香惑を被らず、味界に入って味惑を被らず、触《そく》界《かい》に入って触惑を被らず、法界に入って法惑を被らず。所以《ゆえ》に六種の色声香味触法の、皆な是れ空相なるに達す。此の無依の道人を繫縛《けばく》すること能《あた》わず。是れ五蘊《ごうん》の漏質《ろぜつ》なりと雖も、便《すなわ》ち是れ地行《じぎょう》の神通なり。道流よ、真仏は無形《むぎょう》、真法は無相なり。你秖麽《しも》に幻化上頭《じょうとう》に、模《も》を作《な》し様《よう》を作す。設《たと》い求め得る者も、皆な是れ野狐の精魅《しょうみ》にして、並びに是れ真仏にあらず、是れ外道《げどう》の見解なり。

夫《そ》れ真の学道人の如きは、並びに仏を取らず、菩薩羅漢を取らず。三界の殊勝を取らず。逈然《けいねん》として独脱《どくだつ》し、物に拘《こう》せられず。乾坤倒覆《けんこんとうふく》するも、我れ更に疑わず。十方の諸仏現前するも、一念心の喜び無く、三途《さんず》地獄頓《にわ》かに現ずるも、一念心の怖れ無し。何に縁《よ》ってか此《かく》の如くなる。我れは諸法の空相にして、変ずれば即ち有《う》、変ぜざれば即ち無《む》、三界唯心《さんがいゆいしん》、万法唯識《まんぽうゆいしき》なるを見る。所以《ゆえ》に夢幻空花《くうげ》、何ぞ把捉《はしゃく》を労《ろう》せん。唯だ道流、目前現今聴法底《てい》の人のみ有り、火に入って焼けず、水に入って溺れず、三途《さんず》地獄に入るも園観《おんかん》に遊ぶが如く、餓鬼畜生に入るも報を受けず。何に縁ってか此の如くなる。嫌う底の法無ければなり。你若《も》し聖を愛し凡を憎まば、生死海裏に沈浮《ちんぷ》せん。煩悩は心に由《よ》るが故に有り、心無ければ煩悩も何ぞ拘《こう》せん。分別取相を労せず、自然に得道須臾《とくどうしゅゆ》なり。你傍家《ぼうけ》に波波地《ははじ》に学得せんと擬《ぎ》す。三祇劫中に、終《つい》に生死に帰せん。如《し》かず無事にして、叢林の中に向かって、牀角頭《しょうかくとう》に脚を交えて坐せんには。

道流よ、如《も》し諸方より有る学人来るときは、主客相見《しょうけん》し了《おわ》って、便《すなわ》ち一句子《いっくす》の語有り、前頭《ぜんとう》の善知識を弁ず。学人に箇《こ》の機権《きけん》の語路《ごろ》を拈出《ねんしゅつ》して、善知識の口角頭《くかくとう》に向かって攛過《ざんか》せらる、看《み》よ你識るや識らずやと。你若し是れ境なることを識得せば、把得《はとく》して便ち坑子裏《きょうすり》に抛向《ほうこう》す。学人即《すなわ》便ち尋常にして、然《しか》る後に便ち善知識の語を索《もと》む。依前として之を奪う。学人云く、上智なる哉《かな》、是れ大善知識。即ち云う、你大いに好悪《こうお》を識らずと。如《も》し善知識、箇の境塊子《きょうかいす》を把出《はしゅつ》して、学人の面前に向かって弄《ろう》するも、前人弁得《べんとく》して、了《つい》に主と作《な》らず、境惑を受けず。善知識便即《すなわ》ち半身を現ず。学人便ち喝《かつ》す。善知識又た一切差別の語路《ごろ》の中に入って擺撲《はいぼく》す。学人云《いわ》く、好悪を識らざる老禿兵《ろうとくへい》。善知識歎じて曰く、真正の道流と。如《も》し諸方の善知識、邪正を弁ぜずんば、学人来って菩提涅槃、三身境智を問えば、瞎老《かつろう》師便ち与《た》めに解説《げせつ》す。他《か》の学人に罵著《めじゃく》せられて、便ち棒を把《と》って、他《かれ》の言に礼度《れいど》無きを打つ。自是《もとより》你善知識にして、眼無し、他を嗔《いか》ることを得ず。有る一般《ひとつら》の好悪を識らざる禿奴《とくぬ》は、即ち東を指ざし西を劃して、好晴好雨、好灯籠好露柱《ろちゅう》という。你看よ眉毛幾茎《びもういくけい》か有る。者箇機縁《しゃこきえん》を具《ぐ》す。学人会《え》せずして、便即ち心狂す。是の如きの流《たぐい》、摠《そう》に是れ野狐精《ぜい》の魍魎《もうりょう》。他《か》の好学人に嗌嗌《あくあく》微笑して、瞎老禿兵、他《か》の天下人を惑乱すと言われん。

道流よ、出家児は且《しば》らく学道せんことを要す。秖如《たとえ》ば山僧往日《そのかみ》、曾《かつ》て毘尼《びに》の中に向かって心を留むること数十年、亦た曾て経論を尋討《じんとう》して、後方《はじめ》て是れ済世《さいせい》の薬、表顕《ひょうけん》の説なることを知る。遂に乃《すなわ》ち一時に抛却《ほうきゃく》して、即ち道を訪ね禅に参ず。後に大善知識に遇《お》うて、方《はじめ》て乃ち道眼分明にして、始めて天下の老和尚を識り、其の邪正を知る。是れ娘生下《じょうしょうげ》にして、便ち会《え》するにあらず、還って是れ体究錬磨《たいきゅうれんま》して、一朝に自から省《せい》せしなり。

道流よ、你如法《にょほう》に見解せんと欲得《おも》わば、但だ人惑《にんわく》を受くること莫《な》かれ。裏《うち》に向かい外に向かって、逢著《ぶじゃく》せば便ち殺せ。仏に逢うては仏を殺し、祖に逢うては祖を殺し、羅漢に逢うては羅漢を殺し、父母に逢うては父母を殺し、親眷に逢うては親眷を殺して、始めて解脱することを得ん。物に拘《こう》せられず、透脱《とうだつ》自在なり。如《も》し諸方の学道流は、未だ物に依《よ》らずして出で来る底《てい》有らず。山僧は、此間《すかん》に向かって従頭《じゅうとう》に打《た》す。手上に出で来れば、手上に打し、口裏《くり》に出で来れば、口裏に打し、眼裏《げんり》に出で来れば、眼裏に打す。未だ一箇の独脱《どくだつ》して出で来る底有らず、皆な是れ他《か》の古人の閑機境《かんききょう》に上る。

山僧、一法の人に与うる無し、秖《た》だ是れ病を治《じ》し縛《ばく》を解くのみ。你諸方の道流、試みに一物に依《よ》らずして出で来れ。我れ你と共に商量《しょうりょう》せんと要す。十年五歳、並びに一人無し。皆な是れ依草附葉《えそうふよう》、竹木の精霊《しょうりょう》、野狐の精魅《しょうみ》、一切の糞塊《ふんかい》上に向かって乱咬《らんこう》す。瞎漢《かっかん》、枉《みだ》りに他の十方の信施《しんせ》を消《しょう》して、我れは是れ出家児と道《い》いて、是《か》くの如き見解を作《な》す。你に向かって道う、無仏無法、無修無証と。秖《た》だ与麼《よも》に傍家に、什麼物《なにもの》をか求めんと擬する。瞎漢、頭上に頭を安《お》く。是れ你、什麼をか欠少《かんしょう》する。

道流よ、是れ你目前の用処《ゆうじょ》、祖仏と別ならず。秖麼《しも》に信ぜずして、便ち外に向かって求む。錯《あやま》ること莫《な》かれ。外に向かって法無し、内も亦た不可得《ふかとく》なり。你、山僧が口裏《くり》の語を取らんより、如《し》かず業を歇《けつ》して、無事にし去らんには。已起《いき》の者は続《つ》ぐこと莫かれ、未起《みき》の者は放起することを要せず。便ち你が十年の行脚《あんぎゃ》に勝《まさ》る。山僧が見処に約せば、如許多《そこばく》般《つら》無し。秖《た》だ是れ平常《びょうじょう》にして、著衣喫飯《じゃくえきっぱん》、無事にして時を過ごす。你諸方より来る者、皆な是れ有心《うしん》にして、仏を求め法を求め、解脱を求めて、三界を出離せんことを求む。癡人《ちにん》你、什麽《いずれ》の処にか三界を出で去らんと要する。仏祖は、是れ賞繫《しょうけ》する底《てい》の名句《みょうく》なり。你、三界を識らんと欲するや。你が今聴法する底の心地《しんじ》を離れず。你が一念心の貪は是れ欲界、你が一念心の嗔は是れ色界、你が一念心の癡は是れ無色界にして、是れ你が屋裏《おくり》の家具子《かぐす》なり。三界は自から我れは是れ三界なりと道《い》わず、還って是れ道流、目前霊霊地《れいれいじ》に万般を照燭《しょうそく》し、世界を酌度《しゃくたく》する底の人、三界の与《た》めに名を安《お》く。

大徳よ、四大色身《しだいしきしん》は是れ無常なり、乃至《ないし》脾胃肝胆《ひいかんたん》、髪毛爪歯《ほつもうそうし》も、唯《た》だ諸法の空相なることを見《あら》わす。你が一念心歇得《けっとく》する処、喚《よ》んで菩提樹と作《な》す。你が一念心歇得する能わざる処、喚んで無明樹と作す。無明は住処無し、無明は始終無し。你若し念念心、歇不《けっふ》得《とく》ならば、便ち他《か》の無明樹に上り、便ち六道四生《ししょう》に入って、披毛戴角《ひもうたいかく》す。你若し歇得せば、便ち是れ清浄の身界《しんかい》なり。你が一念不生なれば、便ち是れ菩提樹に上り、三界に神通変化《じんずうへんげ》し、意生化身《いしょうけしん》して、法喜禅悦《ほっきぜんえつ》、身光自《みず》から照らして、衣を思えば羅綺千重《らきせんじゅう》、食を思えば百味具足して、更に横病《おうびょう》無し。菩提は住処無し、是の故に得る者無し。道流よ、大丈夫の漢、更に箇の什麽《なに》をか疑わん。目前の用処《ゆうじょ》、更に是れ阿誰《あた》ぞ。把得《はとく》して便ち用いて、名字《みょうじ》を著《つ》くる莫かれ、号して玄旨《げんし》と為す。与麽《よも》に見得《けんとく》して、嫌う底の法勿《な》し。古人云《いわ》く、心は万境に随《したが》って転ず、転処実に能く幽なり、流れに随って性を認《にん》得《とく》すれば、喜も無く亦た憂も無し、と。

道流よ、禅宗の見解の如きは、死活循然《じゅんねん》たり。参学の人、大いに須《すべか》らく子細《しさい》なるべし。如《も》し主客相見せば、便ち言論往来有り。或は形を応現し、或は全体作用《さゆう》し、或は機権《けん》を把《と》って喜怒し、或は半身を現じ、或は師子に乗り、或は象王に乗る。如《も》し真正の学人有らば、便ち喝して先ず一箇の膠盆子《こうぼんす》を拈出《ねんしゅつ》す。善知識、是れ境なることを弁ぜず、便ち他の境上に上って、模を作し様を作《な》す。学人便ち喝す。前人肯《あ》えて放たず。此は是れ膏肓《こうこう》の病い、医するに堪えず。喚んで客、主を看ると作す。

或は是れ善知識、物を拈出せず。学人の問処に随って即ち奪う。学人奪われて、抵死《ていし》して放たず。此は是れ主、客を看る。或は有る学人、一箇清浄の境に応じて、善知識の前に出《い》ず。善知識、是れ境なることを弁得し、把得して坑裏《きょうり》に抛向《ほうこう》す。学人言《いわ》く、大好善知識と。即ち云く、咄哉《とっさい》、好悪を識らず。学人便ち礼拝す。此を喚《よ》んで主、主を看ると作す。或は有る学人、枷《か》を披《ひ》し鎖《さ》を帯《たい》して、善知識の前に出《い》ず。善知識更に一重の枷鎖《かさ》を安《お》く。学人歓喜して彼此《ひし》弁ぜず。呼んで客、客を看ると為す。大徳よ、山僧が是の如く挙する所は、皆な是れ魔を弁じ異を揀《えら》んで、其の邪正を知る。

道流よ、寔（実《じつ》）情大難《じょうだいなん》、仏法幽玄、解得《げとく》するは可可地《かかじ》なり。山僧竟日《ひねもす》、他《かれ》の与《た》めに説破するも、学者揔《そう》に意に在《お》かず。千遍万偏、脚底に踏過《とうか》して黒没窣地《こくもつそつじ》、一箇の形《ぎょう》段《だん》無うして、歴歴孤明なり。学人信不及にして、便ち名句《みょうく》上に向かって解《げ》を生じ、年半百に登《なんなん》として、秖管《しかん》に傍家に、死屍《しし》を負《お》うて行き、檐子《たんす》を担却して天下に走る。草《そう》鞋銭《あいせん》を索《もと》めらるること、日有る在らん。

　大徳よ、山僧が外に向かって法無しと説けば、学人会《え》せずして、即便《すなわ》ち裏《うち》に向かって解を作《な》す。便即《すなわ》ち壁に倚《よ》って坐し、舌上齶《じょうがく》を拄《ささ》えて、湛然《たんねん》として動《どう》ぜず。此を取って是れ祖門《そもん》の仏法なりと為《な》す。也《ま》た大いに錯《あやま》る。是れ你、若し不動清浄の境を取って是《ぜ》と為さば、你即ち他《か》の無明を認めて郎主《ろうしゅ》と為す。古人云く、湛湛《たんたん》たる黒暗の深坑《じんきょう》、実に怖畏《ふい》す可《べ》しと。此は之れ是れなり。你若し他《か》の動く者を是《ぜ》と認めば、一切の草木皆な解《よ》く動く。応《まさ》に是れ道なる可しや。所以《ゆえ》に動く者は是れ風大《ふうだい》、不動なる者は是れ地大《ちだい》、動と不動と倶《とも》に自性《じしょう》無し。你若し動処に向かって他《かれ》を捉《とら》えば、他は不動に向かって立つ。你若し不動処に向かって他を捉えば、他は動所に向かって立つ。譬《たと》えば泉に潜める魚の、波を鼓《く》して自から躍るが如し。

　大徳よ、動と不動は是れ二種の境なり、還って是れ無依《むえ》の道人《どうにん》、動を用い不動を用う。如《も》し諸方より学人来らば、山僧此間《すかん》に、三種の根器《こんき》と作して断《だん》ず。如し中下根器来らば、我れ便ち其の境を奪って其の法を除かず。或は中上根器来らば、我れ便ち境法倶に奪う。如し上上根器来らば、我れ便ち境法倶に奪わず。如し出格見解《しゅっかくけんげ》の人の来る有れば、山僧此間に便ち全体作用して、根器を歴《へ》ず。大徳よ、者裏《しゃり》に到って学人著力《ちゃくりき》の処、風を通ぜず、石火電光のごとくに即ち過ぎ了れり。学人若し眼定動《じょうどう》すれば、即ち没交渉《もっきょうしょう》、心を擬《ぎ》すれば即ち差《たが》い、念を動ずれば即ち乖《そむ》く。人有りて解《げ》する者、目前を離れず。

大徳よ、你鉢嚢屎檐子《はつのうしたんす》を担って、傍家に走って仏を求め法を求む。即今与麽《いまよも》に馳求《ちぐ》する底《てい》、你還って渠《かれ》を識るや。活撥撥地にして、秖《た》だ是れ根株《こんしゅ》勿《な》し。擁《よう》すれども聚《あつ》まらず、撥《はっ》すれども散ぜず、求著《ぐじゃく》すれば即ち転《うた》た遠く、求めずんば還って目前に在り、霊音は耳に属す。若し人信ぜずんば、徒《いたず》らに百年を労せん。

道流よ、一刹那の間に便ち華蔵《けぞう》世界に入り、毘盧遮那《びるしゃな》国土に入り、解脱国土に入り、神通国土に入り、清浄国土に入り、法界に入り、穢《え》に入り浄に入り、凡に入り聖に入り、餓鬼畜生に入り、処処に討覓尋《とうみゃくじん》すれども、皆な生有り死有るを見ず、唯《た》だ空名有るのみ。幻化空花《げんけくうげ》、把捉《はしゃく》を労せず、得失是非、一時に放却す。

道流よ、山僧が仏法、的的相承《てきてきそうじょう》して、麻浴《まよく》和尚、丹霞《たんか》和尚より、東土道一《どういち》和尚、盧《ろ》山《ざん》と石鞏《せききょう》と、一路に行じて天下に徧《あまね》し。人の信得《しんとく》する無く、尽《ことごと》く皆な謗《そしり》を起こす。道一和尚の用処《ゆうじょ》の如きは、純一無雑《じゅんいつむぞう》にして、学人三百五百、尽《ことごと》く皆な和尚の意を見ず。盧山和尚の如きは、真正《しんしょう》、順逆の用処、学人涯際《がいさい》を測らず、悉く皆な忙然《ぼうねん》たり。丹霞和尚の如きは、翫珠隠顕《がんしゅおんけん》、学人来る者、皆な悉く罵《の》らる。麻浴の用処の如きは、苦《にが》きこと黄檗《おうばく》の如く、近づくこと皆な得ず。石鞏の用処の如きは、箭頭《せんとう》上に向かって人を覓めて、来る者皆な懼《おそ》る。山僧が今日の用処の如きも、真正成壊《しんしょうじょうえ》して、神変を翫弄《がんろう》し、一切境に入れども随処に無事にして、境も換《か》うること能わず。但有《すべ》て来り求むる者は、我れ即便ち出でて渠《かれ》を看るも、渠は我れを識らず。我れ便ち数般《すはん》の衣を著《つ》くれば、学人、解《げ》を生じて、一向に我が言句《ごんく》に入る。苦なる哉《かな》、瞎禿子《かっとくす》、無眼《むげん》の人、我が著くる底《てい》の衣《え》を把《と》って、青黄赤白《しょうおうしゃくびゃく》を認む。我れ脱却《だっきゃく》して清浄境中に入れば、学人一見して、便ち忻欲《ごんよく》を生ず。我れ又た脱却すれば、学人失心《しっしん》し、忙然として狂走して、我れは無衣と言《おも》う。我れ即ち渠に向かって、你は我が衣を著くる底の人を識るやと道《い》えば、忽爾《こつじ》として頭《こうべ》を回《かえ》して、我れを認め了れり。

大徳よ、你、衣《え》を認むること莫かれ。衣は動くこと能わず、人能く衣を著く。箇《こ》の清浄衣有り、箇《こ》の無生衣《むしょうえ》、菩提衣、涅槃衣有り。祖衣《そえ》有り、仏衣《ぶつえ》有り。大徳よ、但有《すべ》て声名文句は、皆な悉く是れ衣変《えへん》なり。臍輪気海《さいりんきかい》の中より鼓激《くげき》し、牙歯敲磕《げしこうかつ》して其の句義を成す。明らかに知る、是れ幻化なることを。大徳よ、外に声語《しょうご》の業を発し、内に心所《しんじょ》の法を表《ひょう》す。思を以て念有り。皆な悉く是れ衣なり。你祇麼《しも》に他の著くる底の衣を認めて、実解《じつげ》を為す。縦《たと》い塵劫《じんごう》を経《ふ》るとも、祇だ是れ衣通《えつう》なり。三界に循還し、生死に輪回す、如かず無事ならんには。相い逢うて相い識らず、共に語って名を知らず。

今時学人の得ざることは、蓋《けだ》し名字を認めて解《げ》を為すが為めなり。大策子《だいさくす》上に死老漢《しろうかん》の語を抄《しょう》して、三重五重に複子《ふくす》に裹《つつ》んで、人に見せしめず、是れ玄旨なりと道《い》いて、以て保重《ほじゅう》を為す。大いに錯《あやま》れり。瞎屡生《かつるせい》、你枯骨上に向かって、什麼《なん》の汁をか覓《もと》むる。屎《し》一般《ひとつら》の好悪を識らざる有って、教中に向かって意度《いたく》を取って、商量して句義を成《じょう》ず。

塊子《かいす》を把《と》って、口裏《くり》に向かって含み了り、吐過《とか》して別人に与うるが如し。猶《な》お俗人の伝《でん》口令《くれい》を打《た》するが如くに相い似て、一生虚しく過ぎん。也《ま》た我れは出家と道うも、他《ひと》に仏法を問著《もんじゃく》せられて、便即《すなわ》ち口を杜《と》じて詞無く、眼は漆突《しっとつ》に似、口は楄檐《へんだん》の如し。此の如きの類《たぐい》、弥勒《みろく》の出世に逢うとも、他方世界に移置《いち》し、地獄に寄せられて苦を受けん。大徳よ、你波波地《はははじ》に諸方に往きて、什麼物《なにもの》を覓めてか、你が脚板《きゃくはん》を踏み闊《ひろ》む。仏の求む可き無く、道の成ず可き無く、法の得可き無し。外に有相の仏を求めば、汝と相い似ず、汝が本心を識らんと欲《おも》わば、合《ごう》に非ず亦た離《り》に非ず。道流よ、真仏無形《むぎょう》、真道無体、真法無相なり。三法混融《こんゆう》して、一処に和合す。弁ずること既に得ざるを、喚《よ》んで忙忙《ぼうぼう》たる業識《ごっしき》の衆生と作《な》す。

問。如何是心心不異処。師云。你擬問。早異了也。性相各分。道流。莫錯。世出世諸法。皆無自性。亦無生性。但有空名。名字亦空。你秖麼認他閑名為実。大錯了也。設有。皆是依変之境。有箇菩提依。涅槃依。解脱依。三身依。境智依。菩薩依。仏依。你向依変国土中。覓什麼物。乃至三乗十二分教。皆是拭不浄故紙。仏是幻化身。祖是老比丘。你還是娘生已否。你若求仏。即被仏魔摂。你若求祖。即被祖縛。你若有求皆苦。不如無事。有一般禿比丘。向学人道。仏是究竟。於大阿僧祇劫。修行果満。方始成道。道流。你若道仏是究竟。縁什麼八十年後。向拘尸羅城。双林樹間。側臥而死去。仏今何在。明知与我生死不別。你言三十二相。八十種好是仏。転輪聖王。応是如来。明知是幻化。古人云。如来挙身相。為順世間情。恐人生断見。権且立虚名。仮言三十二。

八十也空声。有身非覚体。無相乃真形。你道。仏有六通是不可思議。一切諸天神仙。阿脩羅大力鬼。亦有神通。応是仏否。

道流。莫錯。秖如阿脩羅。与天帝釈戦。戦敗。領八万四千眷属。入藕糸孔中蔵。莫是聖否。如山僧所挙。皆是業通依通。夫如仏六通者。不然。入色界不被色惑。入声界不被声惑。入香界不被香惑。入味界不被味惑。入触界不被触惑。入法界不被法惑。所以。達六種色声香味触法。皆是空相。不能繋縛。此無依道人。雖是五蘊漏質。便是地行神通。道流。真仏無形。真法無相。你秖麼幻化上頭。作模作様。設求得者。皆是野狐精魅。並不是真仏。是外道見解。

夫如真学道人。並不取仏。不取菩薩羅漢。不取三界殊勝。逈然独脱。不与物拘。乾坤倒覆。我更不疑。十方諸仏現前。無一念心喜。三塗地獄頓現。無一念心怖。縁何如此。我見諸法空相。変即有。不変即無。三界唯心。万法唯識。所以。夢幻空花。何労把捉。唯有道流。目前現今聴法底人。入火不焼。入水不溺。入三塗地獄。如遊園観。入餓鬼畜生。而不受報。縁何如此。無嫌底法。你若愛聖憎凡。生死海裏沈浮。煩悩由心故有。無心煩悩何拘。不労分別取相。自然得道須臾。你擬傍家波波地学得。於三祇劫中。終帰生死。不如無事。向叢林中牀角頭。交脚坐。

道流。如諸方有学人来。主客相見了。便有一句子語。弁前頭善知識。被学人拈出箇機権語路。向善知識口角頭擲過。看你識不識。你若識得是境。把得便抛向坑子裏。学人即便尋常。然後便索善知識語。依前奪之。学人云。上智哉。是大善知識。即云。你大不識好悪。如善知識。把出箇境塊子。向学人面前弄。前人弁得。了不作主。不受境惑。善知識。便即現半身。学人便喝。善知識又入一切差別語路中擺撲。学人云。不識好悪老禿兵。善知識歎曰。真正道流。如諸方善知識。不弁邪正。学人来問。菩提涅槃。三身境智。瞎老師便与解説。被他学人罵著。便把棒打。他言無礼度。自是你善知識無眼。不得嗔他。有一般不識好悪禿奴。即指東劃西。好晴好雨。好灯籠露柱。你看眉毛有幾茎。者箇具機縁。学人不会。便即心狂。如是之流。揔是野狐精魍魎。被他好学人嗌嗌微笑。言瞎老禿兵。惑乱他天下人。

道流。出家児。且要学道。秖如山僧往日。曾向毘尼中留心数十年。亦曾於経論尋討。後方知。是済世薬。表顕之説。遂乃一時抛却。即訪道参禅。後遇大善知識。方乃道眼分明。始識得天下老和尚。知其邪正。不是娘生下便会。還是体究錬磨。一朝自省。道流。你欲得如法見解。但莫受人惑。向裏向外。逢著便殺。逢仏殺仏。逢祖殺祖。逢羅漢殺羅漢。逢父母殺父母。逢親眷殺親眷。始得解脱。不与物拘。透脱自在。如諸方学道流。未有不依物出来底。山僧向此間従頭打。手上出来手上打。口裏出来口裏打。眼裏出来眼裏打。未有一箇独脱出来底。皆是上他古人閑機境。山僧無一法与人。秖是治病解縛。你諸方道流。試不依一物出来。我要共你商量。十年五歳。並無一人。皆是依草附葉。竹木精霊。野狐精魅。向一切糞塊上乱咬。瞎漢。枉消他十方信施。道我是出家児。作如是見解。向你道。無仏無法。無修無証。秖与麼傍家擬求什麼物。瞎漢。頭上安頭。是你欠少什麼。

道流。是你目前用処。与祖仏不別。秖麼不信。便向外求。莫錯。向外無法。内亦不可得。你取山僧口裏語。不如歇業無事去。已起者莫続。未起者不要放起。便勝你十年行脚。約山僧見処。無如許多般。秖是平常。著衣喫飯。無事過時。你諸方来者。皆是有心。求仏求法。求解脱求出離三界。癡人你。要出什麼処去三界。仏祖是賞繋底名句。你欲識三界麼。不離你今聴法底心地。你一念心貪是欲界。你一念心嗔是色界。你一念心癡是無色界。是你屋裏家具子。三界不自道我是三界。還是道流。目前霊霊地。照燭万般。酌度世界底人。与三界安名。

大徳。四大色身是無常。乃至脾胃肝胆。髪毛爪歯。唯見諸法空相。你一念心歇得処。喚作菩提樹。你一念心不能歇得処。喚作無明樹。無明無住処。無明無始終。你若念念心歇不得。便上他無明樹。

得者。

便入六道四生。披毛戴角。你若歇得。便是清浄身界。你一念不生。便是上菩提樹。三界神通変化。意生化身。法喜禅悦。身光自照。思衣羅綺千重。思食百味具足。更無横病。菩提無住処。是故無得者。

道流。大丈夫漢。更疑箇什麼。目前用処。更是阿誰。把得便用。莫著名字。号為玄旨。与麼見得。勿嫌底法。古人云。心随万境転。転処実能幽。随流認得性。無喜亦無憂。道流。如禅宗見解。死活循然。参学之人。大須子細。如主客相見。便有言論往来。或応現形。或全体作用。或把機権喜怒。或現半身。或乗師子。或乗象王。如有真正学人。便喝。先拈出一箇膠盆子。善知識不弁是境。便上他境上。作模作様。学人便喝。前人不肯放。此是膏肓之病。不堪医。喚作客看主。或是善知識。不拈出物。随学人問処即奪。学人被奪。抵死不放。此是主看客。或有学人。応一箇清浄境。出善知識前。善知識弁得是境。把得抛向坑裏。学人言。大好善知識。即云。咄哉。不識好悪。学人便礼拝。此喚作主看主。或有学人。披枷帯鎖。出善知識前。善知識更与安一重枷鎖。学人歓喜。彼此不弁。呼為客看客。大徳。山僧如是挙。皆是弁魔揀異。知其邪正。

道流。寔情大難。仏法幽玄。解得可可地。山僧竟日。与他説破。学者捴不在意。千遍万徧。脚底踏過黒没窣地。無一箇形段。歴歴孤明。学人信不及。便向名句上生解。年登半百。秖管傍家。負死屍行。担却檐子天下走。索草鞋銭有日在。大徳。山僧説向外無法。学人不会。即便向裏作解。便即倚壁坐。舌拄上齶。湛然不動。取此為是祖門仏法。也大錯。是你若取不動清浄境為是。你即認他無明為郎主。古人云。湛湛黒暗深坑。寔可怖畏。此之是也。你若認他動者是。一切草木皆解動。応可是道否。所以動者是風大。不動者是地大。動与不動。倶無自性。你若向動処捉他。他向不動処立。你若向不動処捉他。他向動処立。譬如潜泉魚。鼓波而自躍。

大徳。動与不動是二種境。還是無依道人用動用不動。如諸方学人来。山僧此間。作三種根器断。

如中下根器来。我便奪其境。而不除其法。或中上根器来。我便境法俱不奪。如有出格見解人来。山僧此間。便全体作用。不歴根器。大徳。到者裏。学人著力処不通風。石火電光。即過了也。学人若眼定動。即没交渉。擬心即差。動念即乖。有人解者。不離目前。大徳。你担鉢嚢屎檐子。傍家走。求仏求法。即今与麼馳求底。你還識渠麼。活撥撥地。秪是勿根株。擁不聚。撥不散。求著即転遠。不求還在目前。霊音属耳。若人不信。徒労百年。

道流。一刹那間。便入華蔵世界。入毘盧遮那国土。入解脱国土。入神通国土。入清浄国土。入法界。入穢入浄。入凡入聖。入餓鬼畜生。処処討覓尋。皆不見有生有死。唯有空名。幻化空花。不労把捉。得失是非。一時放却。道流。山僧仏法。的的相承。従麻浴和尚。丹霞和尚。東土道一和尚。廬山与石鞏。一路行徧天下。無人信得。尽皆起謗。如道一和尚用処。純一無雑。学人三百五百。尽皆不見和尚意。如廬山和尚。一旦真正。順逆用処。学人不測涯際。悉皆忙然。如丹霞和尚。翫珠隠顕。学人来者。皆悉被罵。如麻浴用処。苦如黄檗。近皆不得。如石鞏用処。向箭頭上覓人。来者皆懼。如山僧今日用処。真正成壊。翫弄神変。入一切境。随処無事。境不能換。但有来求者。我即便出看渠。渠不識我。我便著数般衣。学人生解。一向入我言句。苦哉。瞎禿子。無眼人。把我著底衣。認青黄赤白。我脱却。入清浄境中。学人一見。便生忻欲。我又脱却。学人失心。忙然狂走。言我無衣。我即向渠道。你識我著衣底人否。忽爾回頭。認我了也。大徳。你莫認衣。衣不能動。人能著衣。有箇清浄衣。有箇無生衣。菩提衣。涅槃衣。有祖衣。有仏衣。大徳。但有声名文句。皆悉是衣変。従臍輪気海中鼓激。牙歯敲磕成其句義。明知是幻化。大徳。外発声語業。内表心所法。以思有念。皆悉是衣。你秪麼認他著底衣為寔解。縦経塵劫。秪是衣通。三界循還。輪回生死。不如無事。相逢不相識。共語不知名。今時学人不得。蓋為認名字為解。大策子上。抄死老漢語。三重五重複子裹。不教人見。道是玄旨。以為保重。大錯。瞎屢生。你向枯骨上覓什麼汁。

有一般不識好悪。向教中取意度。商量成於句義。如把屎塊子。向口裏含了。吐過与別人。猶如俗人。打伝口令相似。一生虚過。也道我出家。被他問著仏法。便即杜口無詞。眼似漆突。口似楄檐。如此之類。逢弥勒出世。移置他方世界。寄地獄受苦。大徳。你波波地往諸方。覓什麼物。踏你脚板闊。無仏可求。無道可成。無法可得。外求有相仏。与汝不相似。欲識汝本心。非合亦非離。道流。真仏無形。真道無体。真法無相。三法混融。和合一処。弁既不得。喚作忙忙業識衆生。

## 悟りは自由の条件にすぎない

質問、「どういうところが、一瞬一瞬に変動しない私ですか」[*1]

師匠、「君がたずねようとするとき、もう変動してしまう。本体と現象が、[*2]二つになる。仲間よ、心得ちがいをしてはいかん。世間でも出世間でも、いっさいの価値は、実体でもなければ、また生み出すこともない。すべて空しい名称にすぎず、[*3]名称は何とも空しい。君たちは、そんなつまらぬ名称を固定化して、価値があるとおもいこむ。大間違いだよ。よしんばあるとしても、すべて条件によって変わる価値にすぎぬ。悟りという条件、寂滅という条件、解放という条件、仏の三身という条件、知恵と境地という条件、菩薩という条件、仏という条件である。君たちは、そうした条件によって変わる世界の中で、何を探しているのか。さらに、三つの方便や十二種の経典にしたところで、すべて尻ふき紙にすぎぬ。仏は幻人で、祖師は老人である。君たちはいったい、どんな肚《はら》から生まれたのか。[*4]

君たちが仏を探すなら、すぐに仏という魔につかまってしまう。君たちが祖師を探すなら、すぐに祖師という魔のとりこになる。君たちは何か探すなら、[5]すべて苦しい。平気でいるのが、最好だ。

ある種の老僧は、学生におしえる、『仏は（輪廻の）最後身である、三大アサンギカ[6]という長い長い時間をかけて修行を完了し、はじめて道をなしとげられたのである』と。仲間よ、君たちは、『仏を最後身である』とおもうなら、どういうわけで八十歳をさいごに、クシナガラ[7]の町の、二本のシャラ[8]の木の下で、横になって死ぬのか。仏はいまどこにいるのか。まぎれもなく、われわれが生き死にするのと、少しも違わん。君たちはいう、『三十二種の特徴と、[9]八十種の有徳の相が仏である』と。それでは、同じ特徴をもつ転輪《てんりん》聖王《じょうおう》も、[10]如来でなくてはならぬ。まぎれもなく幻人にすぎぬとわかる。古人[11]もいっている、

『如来のすべての特徴は、世間の条件にあわせたものだ。
人々に無の偏見を起こさせぬために、調子のよいことをいい立てるだけだ。
三十二というのもかりそめなら、八十というのも空しい言葉だ。
幻人は醒めた身体ではない。固有のすがたのないところが、本当の身体である』

## 六つの神通力

君たちはいう、『仏は六つの神通力[12]をもっていられる、すばらしいことだ』と。およそ天人や仙人、阿修羅、大力の鬼神[13]なども、神通力をもっている。すべて仏でなくちゃならん。

仲間よ、心得ちがいをしてはならぬ。たとえば、阿修羅は帝釈天と戦って[14]、戦いにやぶれると、八万四千の一族を引きつれて、蓮糸の穴の中にかくれたというが、それが聖者であろうか。山法師にいわせると、前生の業の名ごり[15]、条件付きの神通にすぎぬ。もともと、仏の六つの神通力は、そんなものではない。色の領域[16]で色に乱されず、声の領域で声に乱されず、匂いの領域で匂いに乱されず、味の領域で味に乱されず、感触の領域で感触に乱されず、理法の領域で理法に乱されることがない。したがって、物と声と匂いと味と感触と理法という六つが、すべて固有の姿をもたぬところにゆきつく。この条件をもたぬ修行者を、何ものも拘束することはできぬ。かれは五つの要素[17]でできた、煩悩のかたまりでありながら、そのまま地上の神仙[18]である。

仲間よ、本ものの仏は姿がない、真のカルテは何も書いてない。君たちは、幻の変身にいかれて、よい恰好ばかりしているが、たとえ何か頂いても、すべて老狐の精にすぎず、断じて本ものの仏ではない。外道《げどう》の算段にとどまる。

およそ真実に道を学ぶものは、けっして仏にとりいらず、菩薩や羅漢[19]にとりいらぬ。三つの世界の、めでたさを気にかけない。はるかにずば抜けて、何ものにも拘束されん。天地がひっくりかえっても、[20]おれはまったく気にかけず、十方世界の仏たちが姿[21]をあらわしても、少しも嬉しいとは思わないし、三途《さんず》の地獄[22]が一度にあらわれ出ても、少しも怖いとは思わない。どうしてそうであるのか。おれの見るところ、どんな存在も固有の形をもたず、[23]動いているときは有るが、動かないときは何も無い、三つの迷いの世界は、要するに内心[24]の変化で、どんな存在も意識次第である。

『夢と幻覚の花を、[25]何でわざわざつかまえるのか』

実在するのは、君たち仲間という、わしの目の前でたったいま、説法をきいている男である。火にとびこんでも焼けず、水にとびこんでもおぼれず、三途地獄におちても、[26]遊園でぶらついているように自由で、餓鬼や畜生の世界でも、罪のむくいに苦しまない。なぜかというと、ものを疑わぬからである。

『君たちは聖を愛し凡を嫌う[27]て、生き死にの荒海にアップアップするけれど、煩悩は心次第で、無心なら、どんな煩悩に拘束されよう。

気にかけて道を求めるまでもなく、もともと道の中にあって、手間ひまかからぬ』

君たちは、あたふたとわきみちに、何かを学ぼうとするが、三祇《さんぎ》という途方もなく長い時間を経て、生まれたり死んだりするよりも、所作もなしに禅院で、椅子の上に脚をくんで、坐っているほうがよい。

師家と弟子と

仲間よ、たとえば各地から学生がやって来て、[*28] 主客が顔を合わせると、ただちに一言あって、相互に相手を分別する。学生は師家《しけ》の鼻柱に、手練手管の謎をかけ、『どうだわかるか』と問いかける。君がもし、それを誘いだと見ぬけば、ひったくって（相手を）穴の中になげこむが、学生はすぐに正気にかえって、師家の答えを要求する。師家は前と同じように、それをひったくる。『すばらしや、偉大な師匠よ[*29]』と、学生はいう。『貴公、もののよしあしもおわかりでない』

こんどは逆に、師家が手の込んだ誘いをかけて、学生の前にひけらかす。男は心得て、主人ぶらず、誘いにのらぬ。師家は、たちまち半身をあらわす。学生は、すぐにどなりつける。師家は差別の言葉をかけて、相手をゆさぶる。学生はいう、『よしあしも心得ぬおいぼれ坊主め』。師家は、『本ものの修行僧だ』とほめる。

しかし、各地の禅師方ときたら、真偽のほども心得ず、学生がやって来て、悟りと寂滅（禅定）、仏の三身、知恵と境地などについてたずねると、ボケ老人はすぐに相手を説得にかかる。学生にあしざまに非難されると、棒をにぎって、『貴公は礼節を知らぬ[*30]』とたたく。もともと、君たち師家のほうが、ボケ込んでいるだけだ。相手を叱ることなどできん。

さらに、ある種のてんから何も心得ぬ悪知識は、口からでまかせに、[*31]よいお天気だ、よい雨降りだ、よい灯籠だ、よい丸柱だといいまくる。君たち、自分の眉毛が[*32]何本残っているか、判ってるのか。ところが、今は条件が揃っているのだ。[*33]学生は何も知らず、有頂天になってよろこぶ。こんな連中は、てんから狐のほけた怪物だ。例の人のよい学生たちに、くっくっと口をおさえて、笑われるに違いない、『おいぼれ坊主め、世界中をまよわせる』

### 戒律も経論も一時の応急手当て

仲間よ、家を捨てた修行僧は、とにかく道を学ぶことだ。たとえばこの山法師だって、かつてむかしは数十年も、戒律の学問に精を出したものだ。またかつては経論を探しまわって、あげくのはて、それらが俗世の苦悩を救う応急手当てで、表むきの説明にすぎぬことに気づいた。そこですっぱり投げすてて、禅の道に入って、偉大な師匠にめぐりあって、やっと心の眼がひらけ、はじめて世の中の老師を見分け、かれらの真偽を知った次第だ。母の胎から生まれて、すぐに知ったのではなくて、こればかりは我が身を練りあげて、あるとき自分で気が付いたのである。

仲間よ、君たちが堅気を望むなら、けっして世間の誘いに引っかかってはならぬ。内でも外でも、出会ったら、すぐに斬ってすてよ。仏に出会ったら、仏を斬りすて、祖師に出会ったら祖師を斬りすて、羅漢に出会ったら羅漢を斬りすて、父母に出会ったら父母を斬りすて、親族に出会ったら、親族を斬りすてて、君ははじめて解放される。物に拘束せられることなく、思いのままに斬りぬけるのだ。たとえば各地の修行ときたら、物によりかからないでやって来る奴を（一人も）見かけん。山法師はまちかまえて、のっけからたたく。腕自慢は腕をたたき、口自慢は口をたたき、眼が自慢なら眼をたたく。まんだ一人も、素手でやってくる奴はない。どいつもこいつも、陳腐な古人のからくりにのせられている。

## 物にたよらないでやって来い

山法師は、諸君にくれてやるおしえを[*34]、一つももたぬ。諸君の病気をなおし、束縛をときはなつだけだ。君たち各地の仲間よ、ためしに物にたよらないでやって来るがよい、わしは君たちとかけ合うつもりだが、十年まっても五年まっても、ただの一人もやって来ん。どいつもこいつも、草や木の葉にくっついた妖怪か、竹や木の幽霊か、老狐の精が、糞の山に、やたらとたかっているだけだ。ぐずろべえめが、有縁の喜捨を無駄づかいして、『俺は家をすてた修行僧だ』といばるが、せいぜいがこんな調子だ。諸君にいっておく、仏もなければ法もなく、修行もなければ悟りもない。そんなわきみちに、何を探しだそうとするのか。ぐずろべえめが、首の上に首をのせて[*35]、君たちはいったい、なにがもの足らんのか。

## すでに起こった事は気にかけるな

仲間よ、ほかでもない、わしの目の前の君たちの働きぶりは、祖師や仏と違っていないのに、それが信じられないばかりに、すぐ外を探す。心得ちがいをしてはならぬ。外のカルテはない、内側も把《つか》むことはできん。君たちは、山法師の言葉をとりあげるより、あれこれ業をとりやめて、事もないのにしくはない。すでに起こった奴を、追っかけてはいかん[36]、まだ起こってない奴を、起こさせる必要はない。それだけでも、君たちが各地で十年も修行するより、効果があろう。山法師の考えは、もっともらしいことを言うのではない、どこまでもあたりまえで、衣をきて飯をくって、事もなしに時光をおくるだけである。(ところが)君たち各地からやって来る奴は、すべて心を起こして、仏を探し教えを探し、解放を探し、三つの迷いを抜け出ようとする。愚かな奴よ、君たちは、三つの迷いの世界を出て、どこに行くのか。仏や祖師は、ほめたて用の看板[37]にすぎぬ。君たちは、三つの迷いの世界を見とどけたいか。君たちという、たったいまわしの説法をきいている、(君たちの)心の場所以外に何もないのだ。君たちの一瞬のむさぼりが欲界であり[38]、君たちの一瞬のいかりが色界であり、君たちの一瞬の愚かさが無色界である。すべて、君たちの内なる家具にすぎない。三つの迷いの世界は[39]、自から『俺は三つの迷いの世界である』とは名のらぬ。ほかならぬ君たちという、わしの目の前で霊妙に、あらゆるものを照らしだし、世の中をとりさばいている男が、三つの迷いの世界に、名前をつけているのである。

## 菩提樹と無明樹

修行僧よ、四つの要素でできている肉身は、あてにならん。さらに脾と胃と肝と胆などの内臓や、[*40]髪の毛、指の爪、口中の歯にしても、すべて存在するものには、実体がないというのが特色である。君たちの一瞬の（心の）迷いを停止できたとき、君たちを菩提樹とよび、[*41]君たちの一瞬の心の迷いを停止できぬとき、君たちを無明樹とよぶ。無明は一定の場所をもたず、[*42]無明ははじめもおわりもない。君たちが、一瞬一瞬に迷いを停止できぬなら、君たちは無明樹をよじのぼり、六つの迷いの世界[*43]をさまよい、四つの生きもの[*44]の仲間となって、全身に毛をまとい、[*45]頭上に角をつける。これに反して、君たちが迷いを停止できるなら、君たちの心は浄らかな感触の国土[*46]である。君たちが一瞬も心を起こさなければ、ただちに菩提樹をよじのぼり、三つの迷いの世界で、神秘な変化を現じ、ただちに思いのままに身をかえて、[*47]法悦と、[*48]瞑想のよろこびを食物として、自から光を発してものを照らし、着ようと思えば、上等のうすものを千枚もかさね、食べようと思えば、百種の美味をそろえて、およそ不意の病いにかかることはない。悟りは特定の場所[*49]をもたないから、したがって、それを把むこともないわけだ。

仲間よ、一人前の男が、いったい何を疑うことがあろう。わしの目の前の働きぶりは、そもそも誰なのか。把んで働かせて、名前をつけるな。これが仏法の奥義[*50]である。こう考えることができると、嫌疑は何もない。古人[*51]もこういっている、

『心は、環境を追って転回する、転回するままに、奥ゆかしい。流れに沿って、心の本性を知れば、よろこびもなければ、悲しみもない』

## 主と客の四つの出会い

仲間よ、禅宗の考えというものは、(自分を) 殺すも活かすも、手順がある。禅に参ずる人は、深く注意しなければならない。たとえば、主と客が顔[*52]をあわせると、もう挨拶のやりとりである。あるときは相手に応じて、自分を (よく) みせる。あるときは、身ぐるみ動き、あるときはさそいをかけて、喜んだり怒ったりする。あるときは自分を半分だけみせ、あるときはライオンの背にのって、文殊菩薩の境地をみせ、あるときは象の背にのって、普賢菩薩の境地を示す。正直《まとも》な学生が来て、声をあげてどなりつけ、まず膠《にかわ》の壺[*53]を一つとりだす。師家はそれがさそいと見抜けないで、さそいにのって型どおりにふるまう。学生は、どなりつける。向うはそれでも、手をはなそうとせぬ。これは病い膏肓《こうこう》に入って、医者もお手あげというやつである。客が主を試す場合である。

次のは、師家のほうは、何ももちださない。学生が質問する尻からすぐにとりあげてしまう。学生はとりあげられると、必死にはなすまいとする。これは、主が客を試す場合で

ある。

ところが、ある学生は、一つの清浄な境地を装って、師家の前にあらわれる。師家はそれがさそいだと見抜いて、ひったくって（二度ととり出せぬ）穴の中に投げこむ。学生は、『すばらしい師匠だ』という。師家は、『馬鹿ものめ、よしあしもわからん』という。学生はあたまをさげる。これは、主が主を試みる場合である。

さらにある学生は、自から首かせをはめ、くさりを引きずって、師家のまえにあらわれる。師家は、もう一つの首かせと、くさりをつけてやる。学生はよろこんで、わけがわからなくなる。これは、客が客を試す場合である。

修行僧よ、山法師が以上のようにいうのも、すべて（禅）魔を見抜き、異端を除いて、（禅宗の）真偽を知らせるためである。

## まっくらがりでそれ自から光るもの

仲間よ、たしかな（純粋）感触は得がたい。仏法は奥深い。理解できるのは、ある程度までのこと[*54]。山法師は朝から晩まで、君たちに説きたてるが、学生《きみたち》はてんで気にかけない。千万べんくりかえしても、脚の下にふみつけたままで、（お先）まっくらである。何一つ決った身体なしに、はっきりとそれ自身で光っているのを、学生は信じきれないで、名目上でだけ理解して、五十年近くも、わきみちに死骸を背負って歩きまわり、担い棒を肩に、世界を横行する。(閻魔さまに)わらじ銭を請求される日があることは、まちがいない。

修行者よ、山法師が外にカルテはないというと、学生はわからないで、たちまち内にあると考える。壁によりそって坐り、舌を上のあごにくっつけて、[*55]ひっそりと動かず、これが禅の宗旨だとおもいこむ。とんでもない間違いだ。およそ君たちが、清浄で動かぬ境地を、正しいとするなら、君たちは、例の無明を主人だと認定するだけだ。古人もいわっしゃる、[*56]『どこまでもひっそりした、暗い穴の中[*57](禅定)は、まったく怖ろしい』。これが、つまりそのことだ。君たちがもし、例の動くものがそれだと思うなら、どんな草木もみな動くことができる、かれらがみな禅でなくてはならぬか。してみると、動くのは風の道理で、動かぬのは地の道理、動くものも動かぬものも、どちらにも自分があるわけではない。君たちがもし、動くものの中に相手をつかまえようとすると、相手は動かぬところに位置を占めるだろうし、君たちがもし動かぬものの中に相手をつかまえようとすると、相手は動くところに自分をおくであろう。

『あたかも、井戸の底にかくれていた魚が、[*58]
　波をうって自然におどり出すようなものである』

## 修行者の三つの型

修行者よ、動くものも動かぬものも、共に条件次第である。外ならぬ君たちという、何ものにもよりかからぬ修行者が、動くものを使い、動かぬものを使うのだ。

各地から学生がここに来ると、山法師は、かれの力量を、三つに分けて処理する。まず中級以下の奴がくるとき、わしは相手の条件をひったくるが、相手その人を残してやる。次に中級以上の奴がくるとき、わしは相手の条件も人もとりあげてしまう。しかし、上の上がくるとき、わしは相手の条件も人も、[59]どちらもとりあげない。そしてもうひとつ、桁はずれの（強い）男がくるとき、山法師はそこで、身ぐるみ作用して、相手の力を選ばぬ。

修行者よ。学生がそこまで力を出しきると、（かれは）風も通さず、火花や稲妻のように、あっという間に通りぬけてしまう。ただし学生が、眼の玉をちらりと動かそうものなら、かれはもうお手あげで、『何か考えようとすれば[60]すれちがい、心を動かせば、後手にまわる』

それがわかる奴は、わしの目の前（にいる君たち）をおいてない。

修行者よ、君たちは飯ぶくろと糞桶を肩にかついで、わきみちにかけまわり、仏を探し教えを探そうとする。たったいま、そんなに追っかけまわしている当の男が誰か、君たちはわかっているのか。勢いよくぴちぴちしていて、しかもどこにも根がないのだ。かきあつめようにもあつまらず、[61]はきすてようにも飛びちらぬ。後を追うほど、いよいよ遠ざかるが、追わねば、いつも目の前にいて、不思議な息吹が、わしの耳に入る。それが信じられぬでは、一生無駄に好き勝手するがよい。

仲間よ、一瞬のうちに蓮華蔵世界に行き、[*62] 毘盧遮那《びるしゃな》仏のくにに行き、身分解放のくににに行き、神通のくにに行き、浄土に行き、法身のくにに行き、汚れたところに入り、浄らかなところに入り、凡夫の仲間となり、聖者の仲間となり、餓鬼や畜生の世界に入りこんで、どこをさがしてみても、何かが生まれたり、死んだりすることはない、空しい名前があるだけなのだ。

『幻視や空中の花を、[*63] わざわざつかまえることはない。
手に入ったとか入らぬとか、よいとかわるいとかを、一挙になげ捨てることだ』

## おらが仏法

仲間よ、山法師の仏法は、はっきりと伝来があって、麻浴和尚[*64]や丹霞和尚[*65]より、東土[*66]の道一和尚、[*67]盧山[*68]と石鞏[*69]というふうに、同じみちを歩いて天下にゆきわたってござる。そのことを、誰も信じられないで、口をそろえてくさしたてよる。たとえば、道一和尚のやり方は、生一本《きいっぽん》でまぜものがないから、[*70]四、五百人もの学生は、誰も和尚の胸の中が拝めぬ。盧山和尚ときたら、思いのままで正直で、表手か裏手か、学生には、見当がつかん。誰もみなあっけにとられて、自分を失う。丹霞和尚ときたら、手のひらに真珠をのせて、[*71]隠したり見せたりで、やって来る学生は、誰もがなりとばされる。麻浴のやり方ときたら、黄《き》わだの皮を口に入れたように、苦くて寄りつけん。石鞏のやり方といえば、弓矢で相手をねらうから、来るものはみなふるえ上る。

山法師の現在のやり方にしても、真正面からものをこしらえたり、こわしたり、思うがままに神わざをくりひろげて、どんな環境に入っても、どこも事がなくて、どんな（相手の）条件にも、ふり向かん。何か求めてくる奴に対して、わしはすべて出ていって、そいつを試すが、相手はわしが誰か知らぬ。わしがそこで、数枚の袈裟[*72]をつけると、学生は臆見を起こして、自分の言葉に引きこまれるだけ[*73]である。やりきれんのは馬鹿坊主め、何も見えずに、わしが着ている袈裟をとらえて、青いとか黄いろいとか赤いとか白いとか断定する。わしが袈裟をぬぎすてて、清浄な普段衣をみせると、学生は一目みただけで、すぐに愛慕の思いを起こす。わしがさらにそれをぬぎすてると、学生は気を失って、あてもなしに走りまわり、わしを裸と思いこむ。わしはすぐに相手をとらえて、『君はわしという、衣裳をつけてる男をご存知か』というと、たちまちあたまの回転よろしく、わしという男についてしまう。

### 衣裳についてまわるな

修行者よ、君たちは衣裳についてまわってはいかん。衣裳は、自分では動けず、人が衣裳をつけるのである。清浄という衣裳があり、無生[*74]という衣裳、悟りという衣裳、寂滅という衣裳があり、祖師という衣裳、仏という衣裳がある。修行者よ、ありとあらゆる名称や説明は、どれもみな衣裳次第である。臍のまわりの気海[75]が振動し、歯をかみあわせて音をたてると、ある概念ができあがる。まぎれもなく、幻人の動きである。修行者よ、『外に音声が働き[76]、内に対象が生れる』ので、考えると実体化するが、すべて衣裳にすぎない。君たちは、人が身につけている衣裳についてまわり、実在するもののように考えている。たとえ一劫一つ[77]、墨の点で大地をぬりつぶすほど長い時間をかけても、要するに衣裳の条件をよくするだけである。三つの迷いをまわりまわって、生死をくりかえすより、何事もないのにこしたことはない。

『互いに顔をあわせても[78]、相手が誰だか知らず、
いっしょに話しあって、名を知らぬのだ』

**早口競争は仏法と何のかかわりもない**

今の学生が駄目なのは、なぜか、名目（たてまえ）を能とするせいだ。大型のノートブックに、老師たちの屁のような説法を書きこみ、四重にも五重にも袋にしまい込んで、誰にものぞかせないで、深い奥義であると思いこんで、大事にしている。とんでもない間違いだ。ぐずろべえめ、君たちはそんな乾からびた骨[79]から、どんな汁を吸うというのか。ある種のもののよしあしも心得ぬ連中は、教義の上で、すきかってな理窟をこねまわし、あ

る概念をでっちあげる。あたかも糞のかたまりをひろって、口の中にかくしておいて、ほかの人に吐きかけるようなものだ。世間で（酔うと）難しい文句の早口競争をやるように、[*80]生涯を無駄にしてしまう。『俺は家を捨てた修行者だ』といったところで、誰かに仏法のことを聞かれると、たちまち口を（への字に）むすんで、眼は煙突のように穴があるだけ、口は天びん棒のようにまがって開かぬ。こんな連中は、たとえ五十六億七千万年のさき、幸いに弥勒が世に出てきても、[*81]別のくにに移しかえられて、[*82]地獄のせめ苦をうけつづけるだけである。

修行者よ、君たちはあたふたと各地に出かけて、何を探そうというので、脚の裏をふみひろげるのだ。探さねばならぬ仏もなければ、完成しなければならぬ道もなく、把まねばならぬ真理もありはしない。

『外に向かって仏を探すのは、[*83]本当の君に似つかぬ（おもいちがい）。

本心を見つけたいなら、あらためて一つになることも、離れることもない』

仲間よ、真実の仏は身体をもたず、真実の道は土地をもたず、真実のカルテは形式をもたない。三つは、互いにとけあって、一つにむすびついている。そいつがものにできんから、あてもない宿命にあやつられる、[*84]情けない生きものと心得よ」

＊1〈一瞬一瞬に変動しない私〉心が流れゆくままの、平静さ。あたりまえのところ。

*2〈本体と現象〉心そのものと、それが種々の対象に応じて、働きだしたところ。

*3〈すべて空しい名称にすぎず…〉『維摩経』問疾品に、「是れ平等なるを得て余病有る無く、唯だ空病有るのみ、空病も亦た空なり」とあるのによる句。

*4〈君たちはいったい、どんな肚から生まれたのか〉母の肚から生まれたかぎり、生れに左右されるほかはない。肚は仮りものという、仏教特有の生態学を含む。

*5〈君たちは何か探すなら…〉ダルマの『二入四行論』に、「経に云く、求むること有れば皆な苦なり、求むる無くんば則ち楽なりと」

*6〈三大アサンギカ〉〔三九〕にみえる「三祇」に同じ。

*7〈クシナガラ〉古代中インドの都市。角城、茅城などと訳す。仏入涅槃の聖地である。

*8〈シャラ〉竜脳香料の喬木。堅固、高遠などと訳す。

*9〈三十二種の特徴と…〉足の裏に凹処がない、足の裏に輪形の紋がある、手の指が細長い、手足が柔らかい、手足の指の間に縵《まん》がある、その他三十二種の身体の特徴。頂上の髻が高くて仰ぎ見ることができない、鼻が高くて孔が見えない、眉は三日月のようである、耳たぶが長くたれている、その他八十種の特徴。はじめの三十二種は仏のみならず、広く偉人に通ずるが、後の八十種は仏のみにあるという。

*10〈同じ特徴をもつ転輪聖王も…〉『金剛経』に、「もし三十二相をもって如来を観るというならば、転輪聖王もすなわちこれ如来ならん」とあるのによる。転輪聖王は、チャクラヴァルティの訳、古代インドに伝説された理想の聖王で、生まれながら三十二種の身体の特徴をそなえ、即位のとき、天より宝輪が降るのを感得し、これを転じて全インドを統治すると信ぜられた。

*11〈古人〉傅大士を指す。引用はその『金剛経頌』の如来所説身相即非身相の条下に加えられる句の一部である。

＊12〈六つの神通力〉六神通をいう。
＊13〈大力の鬼神〉仏法の守護神。
＊14〈阿修羅は帝釈天と戦って…〉『菩薩処胎経』七、『華厳経』十五、『法苑珠林』五などにみえる伝説。
＊15〈前生の業の名ごり…〉僧肇に帰せられる『宝蔵論』に説く五通のうちの二つ。
＊16〈色の領域〉以下、十八界のうちのはじめの六つをあげる。
＊17〈五つの要素〉物、感覚、表象、意識、知識。
＊18〈地上の神仙〉龐《ほう》居《こ》士《じ》の偈に、「神通ならびに妙用、水を運び亦た柴を搬《はこ》ぶ」とある意。日常生活そのものが無限の神秘である。
＊19〈羅漢〉禅僧たちの理想とする、一種の自由人である。
＊20〈天地がひっくりかえっても…〉僧肇の『物不遷論』に、「乾坤《けんこん》倒覆すとも静ならずと謂《い》うこと無し」とあるのによる。
＊21〈十方世界の仏たちが…〉『神会語録』に、「無念を見るものは堅きこと金剛の如く、毫微も動ぜず、たとい恒沙《ごうじゃ》の仏来るも亦た一念心の喜び無く……」とある。
＊22〈三途の地獄〉三途（塗）は、地獄、餓鬼、畜生の三悪道のことで、それぞれ、火途、血途、刀途があるという。
＊23〈どんな存在も固有の形をもたず〉『般若心経』の句による（岩波文庫『般若心経』九ページ参照）。
＊24〈三つの迷いの世界は、要するに…〉『成唯識論』七の句の取意。『祖堂集』三の南陽忠和尚の章に引かれるほか、『伝灯録』十二の睦州の章、黄檗、法眼の語録などにもみえる。
＊25〈夢と幻覚の花を…〉『信心銘』の句。
＊26〈三途地獄におちても…〉『法華経』譬喩品に「常に地獄に処《お》ること園観に遊ぶが如し」とあるのによ

ごとくではない。

る句。ただし経典の原意は、悪行のために感覚が麻痺して、地獄の苦を感じないのをいい、ここに引く

*27〈君たちは聖を愛し…〉この六句、宝誌の『大乗讃』による。

*28〈たとえば各地から学生がやって来て…〉以下、臨済の四賓主とよばれる。〔三〕に「臨済が賓主の句」というのに当たる。

*29〈すばらしや、偉大な…〉『維摩経』弟子品、優婆離章の句による。

*30〈貴公は礼節を知らぬ〉『潙山警策』にいう、「或は軽言せられて、便ち後生の無礼を責む」

*31〈口からでまかせに…〉すでに〔三九〕にみえる。「よい灯籠だ、よい丸柱だ」も、当意即妙に口うらを合わせること。

*32〈自分の眉毛が…〉誤った法を説くと、謗法の罪で眉毛が抜けおちる意（『碧巌録』第八則）。

*33〈条件が揃っている〉難解の句であるが、ここでは、眉毛の抜ける条件、つまり謗法の事実は確かだという意にとる。

*34〈山法師は、諸君にくれてやる…〉『伝灯録』十五の徳山の章に、全く同じ句がある。

*35〈首の上に首をのせて〉〔三九〕にみえるヤージュニャダッタの故事による。

*36〈すでに起こった奴を、追っかけてはいかん…〉解説に引く縁法師の言葉を参照。ただし、元来は数息観の用語らしい。『安般守意経』にみえる。

*37〈ほめたて用の看板〉原文「賞繫底名句」、賞繫は難解だが、かりに訳文のように解する。マンダラを壁にかけて、自分の守護神を探す様子。

*38〈一瞬のむさぼりが欲界であり…〉以下、三界を心に引きよせて説く。『無心論』にも『六祖壇経』にもみえる手法。

＊39〈三つの迷いの世界は…〉『維摩経』問疾品に、「此の法起こる時、我れ起こると言わず、此の法滅するとき、我れ滅すと言わず」とあるのによる。
＊40〈脾と胃と肝と胆などの内臓や…〉『円覚経』普眼章に、髪毛爪歯その他を四大に配して説く。
＊41〈君たちを菩提樹とよび〉『六祖壇経』に引く、神秀の偈を前提する思考。
＊42〈無明は一定の場所をもたず…〉『円覚経』文殊章にいう、「此の無明なるものは、実に体有るに非《あら》ず、夢中に人の夢みる時は無に非ざるも、醒むるに至るに及んで了《つい》に得る所無きが如し」
＊43〈六つの迷いの世界〉地獄、餓鬼、畜生、修羅、人間、天。
＊44〈四つの生きもの〉卵から生まれるもの（鳥類）、胎より生まれるもの（人獣）、湿気のあるところより生まれるもの（虫類）、化生するもの（天人と地獄）。
＊45〈全身に毛をまとい…〉畜生となること。
＊46〈感触の国土〉十八界の一つ。
＊47〈思いのままに身をかえて〉『楞伽経』二の説。
＊48〈法悦と…〉出世間の食物五つのうちの二つ。物質的な食物によらず、精神の純粋満悦によって生きる意。
＊49〈悟りは特定の場所を…〉『維摩経』観衆生品の句による。
＊50〈これが仏法の…〉上の句の名字のこととも。この場合は、奥義など何もないのである。
＊51〈古人〉西天第二十二祖摩拏《まぬ》羅尊者。
＊52〈たとえば、主と客が…〉先にあげる四賓主のもう一つの例。
＊53〈膠の壺〉頭をつっこんだが最後、身動きできぬ仕かけ。
＊54〈ある程度まで〉「可可」は俗語で、かなりの意。

＊55〈舌を上のあごにくっつけて〉古来、坐禅の仕方を説くのに、必ず強調される言葉の一つ。

＊56〈古人もいわっしゃる〉古人は、明らかでない。『百丈広録』には、「教に云く」とする。

＊57〈暗い穴〉地獄をいう（『大集経』十三）。あるいは、便所の壺。

＊58〈あたかも、井戸の底に…〉『大乗成業論』の句。後に引く「外に音声の動きがおこり…」と合わせて一句をなす。

＊59〈相手の条件も人も…〉テキスト「境法人倶奪」を「境法倶不奪」に改める。人は、おそらく不の誤りであろう。文章に乱れがみえる。流布本は「境法人倶不奪」である。

＊60〈何か考えようとすれば…〉僧肇の答劉遺民書に「心を擬すれば已《すで》に差《たが》う、況んや乃ち言有るをや」とあるのによる。ただし、宗密の『禅源諸詮集都序』は、荷沢神会の句とする。

＊61〈かきあつめようにもあつまらず…〉『伝灯録』三十、関南長老の獲珠吟の句。元来は転がる珠の形容。

＊62〈一瞬のうちに蓮華蔵世界に行き…〉以下、すでに〔四三〕にみえる。

＊63〈幻視や空中の花を…〉『信心銘』の句。

＊64〈麻浴和尚〉馬祖の法をつぐ麻浴山宝徹。〔二四〕を参照のこと。

＊65〈丹霞和尚〉馬祖と石頭に参じた丹霞天然（七三八～八二三）。『祖堂集』四、『伝灯録』十四、『宋高僧伝』十一。

＊66〈東土〉インドに対して中国を指す、誇りたかい自称（〔三五〕の注に引く、『祖堂集』薬山伝をみよ）。

＊67〈道一和尚〉馬祖道一（七〇九～七八八）。洪州宗の祖。なお、東土を先の麻浴、丹霞に対し、洪州を指すともとれるが、今は前注の如くに解す。

＊68〈廬山〉馬祖の法をつぐ廬山帰宗寺の智常。この人の下に大愚があり、〔一〕にみえるように、かつて臨済が参じた師匠である。

＊69〈石鞏〉馬祖の法をつぐ石鞏恵蔵。はじめ猟師であったが、鹿を追って馬祖の庵前を通ろうとし、問答して出家した。
＊70〈生一本でまぜものがない〉『法華経』方便品の句。
＊71〈手のひらに真珠をのせて〉丹霞に弄珠吟、もしくは玩珠吟と題する作品があるのをいう。
＊72〈数枚の袈裟〉次にいう、清浄という衣裳、無生という衣裳以下を指す。
＊73〈自分の言葉に引きこまれるだけ…〉学生自身の言葉、つまり自分に酔うこと。
＊74〈無生〉『般若経』の趣旨。不生不滅の意。
＊75〈臍のまわりの…〉言語発生の経過を説明するもの。『大智度論』六にみえる。
＊76〈外に音声が働き…〉『大乗成業論』の句。先に引く「あたかも、井戸の底に…」とあわせて一頌《じゅ》をなす。
＊77〈一劫一つ〉『法華経』化城喩品の説。
＊78〈互いに顔をあわせても…〉当時の諺。平穏無事をいう成句。『南泉語要』にみえる。
＊79〈そんな乾からびた…〉『大宝積経』にある喩え。狗《いぬ》が骨をくわえて、何度も何度も吸うところ。
＊80〈難しい文句の…〉酒席での、余興の一つ。口令、打令などともいう。
＊81〈弥勒が世に出てきても〉『菩薩処胎経』二の説。
＊82〈別のくにに移しかえられて〉『法華経』見宝塔品による。
＊83〈外に向かって仏を探すのは…〉西天第八祖ブッダナンディーの偈。『宝林伝』三、『伝灯録』二。
＊84〈宿命にあやつられる〉『起信論』の説。真如と無明が不一不異のものとして結びあっている現実の心をいう。

前段の終りにあらわれる「真実の仏、真実の法、真実の道」の三つをめぐって説法がつづく。いずれも空しい名目であり、心のほかに三つは別でないのだが、心を仏とし教えとすれば、心がまた一つの名目となる。仏や祖師を師とせず、仏や祖師の師となれと臨済は説く。

**四八** 問う、如何なるか是れ真仏、真法、真道。乞うらくは、開示《かいじ》を垂れよ。師云く、仏というは心清浄是れなり、法というは心光明是れなり、道というは処処無碍《しょしょむげ》浄光《じょうこう》是れなり。三即一、皆な是れ空名にして実有《じつう》無し。如《も》し志公《しこう》の作道人《どうにん》ならば、念念に心間断《けんだん》せず。達磨大師西土《せいど》従《よ》り来りてより、秖《た》だ是れ箇《こ》の人惑《にんわく》を受けざる底《てい》の人を覓《もと》む。後に二祖の一言に便ち了《りょう》じて、始めて従前虚《むな》しく功夫《くふう》を用いしことを知るに遇う。山僧が今日の見処、祖仏と別ならず。若《も》し第一句の中に得れば、祖仏の与《た》めに師と為《な》る。若し第二句の中に得れば、人天《にんでん》の与めに師と為る。若し第三句の中に得れば、自救不了《じぐふりょう》。

問。如何是真仏真法真道。乞垂開示。師云。仏者心清浄是。法者心光明是。道者処処無碍浄光是。三即一。皆是空名。而無寔有。如志公作道人。念念心不間断。自達磨大師従西土来。秖是覓箇不受人惑底人。後遇二祖。一言便了。始知従前。虚用功夫。山僧今日見処。与祖仏不別。若第一句中得。与祖仏為師。若第二句中得。与人天為師。若第三句中得。自救不了。

## 祖師や仏の師となる

質問、「どういうものが真実の仏であり、真実の法であり、真実の道でしょうか。どうか、お示しください」

師匠、「仏とは、君の心が浄らかなこと、[*1]法とは、君の心の輝き、道とは、（心が）どこもさえぎられないで、浄らかに光ることだ。三つはそのまま一つであり、いずれも空しい名前にすぎず、実体があるわけではない。公正に道人となった男なら[*2]、刻々に心を途切らさない。

ダルマ大師が西から来てからというものは、世間の誘いに左右されぬ男だけを探す。はじめて二祖を見かけられたとき、二祖はダルマの一声で[*3]けりがついて、それまで無駄に努力してきたことに気付かれたのである。山法師の現在の考え方も、祖師や仏と違いはない。もし第一の言葉[*4]で把めば、祖師や仏を導くほどの師家であり、第二の言葉で把めば、人間や天上の神を導く[*5]ほどの師家であるが、もし第三の言葉で把むようでは、自分の始末も[*6]つけられまい」

＊1 〈君の心が浄らかなこと〉仏を心の清浄性とする考えは、すでに〔三九〕で三身を説くところにみられ

る（106ページ参照）。

＊2〈公正に道人となった男〉原文「志公作道人」は問題で、志公は、宝志（誌）のことではなく、作も学の誤りであろう。

＊3〈二祖はダルマの一声で…〉安心問答を指す（『無門関』四十一）。「心をもってきなさい」の一語。

＊4〈第一の言葉〉以下、臨済の三句とよばれる説法。第一は、答えの最初の句を指す。ただし、この一段と全く同じ説法が『趙州録』一二九にみえる。いずれがいずれに混入したのか決しがたい。

＊5〈人間や天上の神を導く…〉仏の十号の一つに、天と人の師というのがある。つまり、仏となること、三界の導師となることである。

＊6〈自分の始末も…〉『大品般若経』二十六にいう、「自から救うこと能わず、何ぞ能く人を救わん」

ダルマの禅は、苦行ではない。六波羅蜜も諸善万行も真実の仏法ではない。そうした誤解と虚偽を説く野狐禅を、臨済は徹底粉砕してゆく。

四九　問う、如何なるか是れ西来意《せいらいい》。師云《いわ》く、若し意《い》有らば、自救不了《じぐふりょう》。云く、既に意無し、云何《いかん》が二祖は法を得たる。師云く、得るというは是れ得ざるなり。云く、既に若し得ずんば、云何《いかん》が是れ得ざる底《てい》の意。師云く、你《なんじ》一切処に向かって、馳求《ちぐ》の心を歇《や》むこと能《あた》わざるが為めなり。所以《ゆえ》に祖師言《いわ》く、咄哉《とっさい》、丈夫、頭を将《もっ》て頭を覓《もと》むと。你言下《ごんか》に便《すなわ》ち自から回光返照《えこうへんしょう》して、更に別に求めず、身心の祖仏と別ならざることを知り、当《とう》下《げ》に無事なるを、方《はじめ》て法を得ると名づく。大徳よ、山僧今時《こんじ》、事《じ》已《や》むことを獲《え》ず、話度《わたく》し説出《せっしゅつ》する、許多《そこばく》の不才浄《ふさいじょう》を、你且《しば》らく錯《あやま》ること莫《な》かれ。我が見処に拠らば、実に許《そこ》多般《ばくつら》の道理無し。用いんと要せば便ち用う、用いずんば便ち休《や》む。秖如《たとえ》ば諸方は六度万行を説いて、以て仏法と為すも、我は道《い》う是れ荘厳門《しょうごんもん》、仏事門なり、是れ仏法に非ずと。乃至《ないし》持斎持戒《じさいじかい》、油を擎《ささ》げて灩《こぼ》さざるも、道眼《どうげん》明らかならず、尽《ことごと》く須《すべか》らく債《さい》を抵《いた》して、飯銭を索《もと》めらるること日有る在らん。何が故に此《かく》の如くなる。道《どう》に入って理に通ぜず、身を復《かえ》して信施《しんせ》を還《かえ》す。長者八十一、其の樹は耳《かたびら》を生ぜず。乃至孤峯独宿《こほうどくしゅく》、一食卯斎《いちじきぼうさい》、長坐不臥《ふが》、六時行道《ぎょうどう》するも、皆な是れ造業《ぞうごう》する底《てい》の人、乃至頭目髄脳《ずもくずいのう》、国城妻子、象《ぞう》馬《め》七珍《しっちん》、尽く皆な捨施《しゃせ》するも、是《かく》の如き等《ら》の見《けん》は、皆な是れ身心を苦しむるが故に、還って苦果《くか》を招く。如《し》かず無事にして、純一無雑《じゅんいつむぞう》ならんには。乃至十地満心《じゅうじまんしん》の菩薩も、皆な此の道流の蹤跡《しょうせき》を求むるに、了《つい》に不可得《ふかとく》なり。所以《ゆえ》に諸天は歓喜し、地神は足を捧げ、十方の諸仏も称歎せざること無し。何に縁《よ》ってか此《かく》の如くなる。今聴法する道人の用処《ゆうじょ》、蹤跡《しょうせき》無きが為めなり。

問。如何是西来意。師云。若有意。自救不了。云。既無意。云何二祖得法。師云。得者是不得。云。既若不得。云何是不得底意。師云。為你向一切処。馳求心不能歇。所以祖師言。咄哉丈夫。将頭覓頭。你言下便自回光返照。更不別求。知身心与祖仏不別。当下無事。方名得法。大徳。山僧今時。事不獲已。話度説出。許多不才浄。你且莫錯。拠我見処。寔無許多般道理。要用便用。不用便休。秖如諸方。説六度万行。以為仏法。我道是荘厳門。仏事門。非是仏法。乃至持斎持戒。擎油不灩。道眼不明。尽須抵債。索飯銭有日在。何故如此。入道不通理。復身還信施。長者八十一。其樹不生耳。乃至孤峯独宿。一食卯斎。長坐不臥。六時行道。皆是造業底人。乃至頭目髄脳。国城妻子。象馬七珍。尽皆捨施。如是等見。皆是苦身心故。還招苦果。不如無事。純一無雑。乃至十地満心菩薩。皆求此道流蹤跡。了不可得。所以諸天歓喜。地神捧足。十方諸仏。無不称歎。縁何如此。為今聴法道人。用処無蹤跡。

## 光をはねかえして逆に相手を照らせ

質問、「どういうところが西より来られたダルマ大師の意図[*1]ですか」

師匠、「何か意図があれば、自分の後始末もできん」

「意図がないからには、二祖が真理を把《つか》まれたというのは何のことです」

師匠、「把むというのは、何も把まぬことだ」

「何も把まぬからには、何が何を把まぬというのですか」

師匠、「君たちがどこにいても、物を探しまわる心を捨て切れぬからだ。それで祖師はいわれる、『愚かなことよ、[*2]一人前の男が、自分で自分の顔を探している』と。君たちが、この一声で光をはねかえして、逆に[*3]相手を照らし出して、すこしも外に探さず、わが身心が祖師や仏とちがっていないことに気付いて、そのまま事もなしでいるとき、はじめて真実を把んだといえる。

修行僧よ、山法師は今よんどころなく、くどくど説いてみせている、この不恰好[*4]を、君たちは間違ってはならん。わしの考えでは、およそくどくどしい問題など、何もありはせん。使おうと思えばすぐに使う、使わねばそれまでのことだ。たとえば、（今は）どちらでも六つの修行の完成や、[*5]五万とある善行を数えて、それを仏法と心得ている。わしにいわせると、もったいぶり、ありがた屋であって、あれは仏法じゃない。さらに、わが身を潔斎し、戒律をまもって、油ざらを頭上にささげて漏[*6]らさぬにしても、心の眼はあかず[*7]、すべてかならず、借りをかえして、飯代を請求される日が来るのは、確かだ。どうしてかといえば、

『出家して理に達しないものは[*8]、
生まれかわって、信心の施しを、かえさねばならん。
施主の長者が八十一になると、
庭の木のきのこも、もう生えまいぞ』

さらに、さびしい山上に夜をすごし[*9]、食は朝一度の戒を守り、いつも坐禅して横にならず、毎日六度の礼拝[*10]を欠かさずとも、すべて来世の業を増すだけのこと。さらにまた、自分の顔も頭骸も[*11]、領地も妻子も、乗用の象馬も、七種の宝石も、すべて残らず人に施したとしても、そうした考え方は、すべて人とわが身を苦しめて、かえって来世の悪報を増す。

事もなく生一本で、まぜもののないのに越したことはない。さらに十地の修行[*12]を完成した菩薩にしても、こんな仲間の足あとを見つけることは、およそ不可能に近い。それゆえに、天の神もよろこび、[*13]地の神も（君の）足をさしあげて祝福し、十方世界の仏たちも、ほめそやさぬはない。どうしてかといえば、今わたしの説法をきいている君たち、修行僧の毎日が、足あとを残さぬからである」


*1〈西より来られたダルマ大師の意図〉「仏法の目的」とともに、禅思想の基本となる問い。

*2〈愚かなことよ…〉『法華経』にみえる句法。自分で自分の顔を探す話は、すでに〔三九〕に引かれるヤージュニャダッタの故事による。

*3〈光をはねかえして、逆に…〉初期の禅録に特徴的な句法の一つ。「返照」は、入日の照りかえしをいう。

*4〈不恰好〉「不才浄」は難解である。『臥雲日件録抜尤《ばつゆう》』の長禄三年八月十一日の条に、不干浄、または不好事の解を出す。

*5〈六つの修行の完成…〉いわゆる菩薩の条件。五万とある善行も、日常的なそれをいう。

*6〈油ざらを頭上にささげて…〉古くより知られた精神集中の方法。『修行道地経』三、『智度論』十五、『涅槃経』高貴徳王品などに説く。

*7〈心の眼はあかず〉次に引く西天第十五祖迦那提婆《かなだいば》尊者の故事。

*8〈出家して理に達しないものは…〉『宝林伝』三、『伝灯録』二にみえる、迦那提婆尊者の歌。尊者が中インドに遊化したとき、七十九歳の長者とその子に会う。かれらの庭の老木に美味なる木耳が生えて、

二人はそれをとることができるが、他の人にはみえぬという。そこで、尊者はこの歌を誦して、二人がかつて前世で、一比丘を供養したにかかわらず、その比丘が本当の仏法を理解せず、一時的形式的な修行に終始していた報いとして、今や身を木耳に変じて、二人に供養を還しつづけているのであり、長者が八十一歳になれば、供養の貸しは終わって、もう木耳は生えなくなることを説き明かしたというもの。長者の子は、やがて尊者の法をついで、第十六祖羅睺羅多《らごらた》となる。

＊9〈さびしい山上に夜をすごし…〉以下、いずれも『宝林伝』三その他に収める、西天第二十祖闍夜多《じゃやた》尊者の語による。のちにその法をついで第二十一祖となる婆修盤頭《ばすばんず》が、はじめすこぶる形式的な苦行主義に堕していたのを批判するもの。

＊10〈毎日六度の礼拝〉早晨・日中・日没・初夜・中夜・後夜の六回、仏像のまわりをめぐって礼拝する修行。

＊11〈自分の顔も頭骸も…〉『法華経』提婆品に引く釈迦の前生《ぜんしょう》ものがたり。七種の宝石は、金・銀・ルリ・ハリ・真珠・メノウ・シャコの七つ。ただし、他にも異説がある。

＊12〈十地の修行〉すでに〔三九〕（112ページ）にみえる。

＊13〈天の神もよろこび…〉先に〔三六〕にいう、人間と天上の神の供養をうける意。

## 五〇

問う、大通智勝仏《だいつうちしょうぶつ》、十劫坐道場《じゅうごうざどうじょう》、仏法不現前《ぶっぽうふげんぜん》、不得成仏道《ふとくじょうぶつどう》。未審《いぶかし》、此の意如何《いいかん》。

『法華経』化城喩品に説く、大通知勝仏の話をめぐる説法。仏というのも、生まれたあとの名にすぎぬ。生まれぬ前の生きた仏を把えよ、と臨済はここでもまたくりかえす。

乞う師、指示せよ。師云く、大通というは是れ自己、処処に其《か》の万法の無性無相《むしょうむそう》なるに達するを、名づけて大通と為す。智勝というは一切処に疑わず、一法を得ざるを名づけて智勝と為す。仏というは心清浄、光明、法界に透徹するを名づけて仏と為すことを得たり。十劫坐道場というは、十波羅蜜《じっぱらみつ》是れなり。仏法不現前というは、仏本不生《ぶつもとふしょう》、法本不滅《ほうもとふめつ》、云何《いかん》が更に現前すること有らん。不得成仏道というは、仏は応《まさ》に更に作仏《さぶつ》すべからず。古人云く、仏は常に世間に在れども、世間の法に染《そ》まずと。

道流、你作仏《なんじさぶつ》せんと欲得《おも》わば、万物に随うこと莫《な》かれ。心生ずれば種種の法生じ、心滅すれば種種の法滅す。一心生ぜざれば、万法に咎《とが》無し。世と出（世）と、無仏無法、亦た現前せず、亦た曾《かつ》て失せず。設《たと》い有る者も、皆な是れ名言《みょうごん》章句、小児を接引《しょういん》する、施設薬病《せせつやくびょう》、表顕《ひょうけん》の名句《みょうく》にして、自《みず》から名句ならず、還って是れ你目前昭昭霊霊として、鑒覚聞知《かんかくもんち》し照燭《しょうそく》する底《てい》、一切の名句を安《お》く。大徳よ、五無間《ごむげん》の業を造って、方《はじめ》て解脱を得ん。

問。大通智勝仏。十劫坐道場。仏法不現前。不得成仏道。未審此意如何。乞師指示。師云。大通者是自己。於処処達其万法無性無相。名為大通。智勝者於一切処不疑。不得一法。名為智勝。仏者心清浄。光明透徹法界。得名為仏。十劫坐道場者。十波羅蜜是。仏法不現前者。仏本不生。法本不滅。云何更有現前。不得成仏道者。仏不応更作仏。古人云。仏常在世間。而不染世間法。道流。你欲得作仏。莫随万物。心生種種法生。心滅種種法滅。一心不生。万法無咎。世与出者。無仏無法。亦不現前。亦不曾失。設有者。皆是名言章句。接引小児。施設薬病。表顕名句。不自名句。還是你目前。昭昭霊霊。鑒覚聞知。照燭底。安一切名句。大徳。造五無間業。方得解脱。

## 大通知勝仏という仏

質問、「大通知勝仏という仏は、*1十劫もの長いあいだ、道場で瞑想しつづけたけれども、求める仏法は姿をあらわさず、仏道を完成することもなかった、と申します。これはどういうわけでしょうか。どうか、お示しねがいます」

師匠、「大通とは、自分のことだ。どこででも、さまざまの存在に実体がなくて、何の変哲もないということに、通達するのを、大通とよぶ。知勝とは、どこにも疑わしいものがない、一つの兆すら把えられぬのを、知勝とよぶ。仏とは、心が清浄なこと、光が世界のすみずみまで透るのを、仏とよぶことができる。十劫も道場に瞑想しつづけたというのは、十劫とは十種の修行の完成*2のことで、仏法があらわれなかったというのは、仏はもともと生まれたものではないし、法はもともと亡くなるものでないのに、どうしてことさらあらわれることがあろうか。仏道を完成することをしなかったというのも、仏がことさら仏になるはずはないからである。古人*3もこういっている、

『仏はいつも世の中に*4おわして、

世間の汚れに染まない』

## 奈落の底におちる五つの罪

仲間よ、君たち、仏になりたいと思うなら、条件を追いまわしてはならぬ。古人がいうように、

『心が起きると、[*5]もろもろの存在がすがたをあらわす、
心が消えると、もろもろの存在もすがたを消す』

『心を起こさなければ、[*6]もろもろの存在に罪があるわけではない』

世間にも出世間にも、仏もなければ法もなく、またあらわれることもないし、およそ消《う》せるということもない。よしんば有るとしても、すべて名目であり説明であって、子供を引っぱる、玩具か、薬と病気のようなもの、表向きのチラシにすぎん。まあ効能書きなるものは、それ自から効能があるわけではない。ほかならぬ君たちという、わしの目の前でありありと霊妙で、ものを見分け、ものを記憶し、ものを聞き、ものを知り、ものを映しだしているものが、あらゆる効能を発するのである。

修行僧よ、奈落の底におちるほどの、[*7]五つの大罪をつくりだして、はじめて解放されることができるというものだ」

＊1〈大通知勝仏という仏は…〉釈尊が自分の前身をときあかして、無限の過去にこの世にあらわれたという、大通知勝如来の修行の過程を語るもの。経典では、限りない時間をかけて、素質の弱い弟子たちが、自から目覚めてくるのを待つことの譬えであるが、禅者はそれとは違った角度より、この譬喩をとりあげる。臨済の場合もまたその一つで、古くは北宗系の『禅門経』序をはじめ、『伝灯録』四に収める天柱山崇恵の問答や、『百丈広録』『無門関』第九則などにもみえる。

＊2〈十種の修行の完成〉六波羅蜜のほかに、善巧方便、願、力、智という四波羅蜜を合わせたもの。

＊3〈古人〉文殊菩薩を指す。

＊4〈仏はいつも世の中に…〉『如来荘厳知恵光明入一切仏境界経』の句。初期の禅録には、しばしば引かれる。

＊5〈心が起きると…〉『起信論』の句。『楞伽経』にもある。

＊6〈心を起こさなければ…〉『信心銘』の句。

＊7〈奈落の底におちるほどの…〉次の〔五二〕に詳説。

説法の最後の一段。奈落におちる五つの罪をめぐって、一心も生じない、本来のところを明らかにし、その他はすべて名目であると臨済は説く。しかも、自から我が説にとりついてくる弟子たちと、臨済をことさらにへこませようとしてやってくる、自信過剰の弟子たちを批判し、文殊やアングリマーラが、ブッダを殺そうとした故事を引いて、人々の自主性に、最高の評価をあたえる。

五一　問う、如何なるか是れ五無間《ごむげん》の業《ごう》。師云く、父を殺し母を害し、仏身血《ぶっしんけつ》を出だし、和《わ》合僧《ごうそう》を破り、経像《きょうぞう》を焚焼《ぼんしょう》する等、此は是れ五無間の業なり。云く、如何なるか是れ父。師云く、無明《むみょう》是れ父。你《なんじ》が一念心、起滅《きめつ》の処を求め得ず。響《ひびき》の空に応ずるが如く、随《ずい》処《しょ》に無事なるを、名づけて父を殺すと為す。云何《いか》なるか是れ母。師云く、貪愛《とんあい》を母と為す。你が一念心、欲界の中に入って、其の貪愛を求むるに、唯だ諸法の空相にして、処処無著《むじゃく》なるを見るを、名づけて母を害すと為す。云何なるか是れ仏身血を出だす。師云く、你、清浄法界の中に向かって、一念心の解《げ》を生ずること無く、便《すなわ》ち処処《しょしょ》に黒暗なる、是れ仏身血を出だすなり。云何なるか是れ和合僧を破る。師云く、你が一念心、正に煩悩結使《ぼんのうけっし》の、空の如くに所依《しょえ》無きに達する、是れ和合僧を破るなり。云く、如何なるか是れ経像を焚焼する。師云く、因縁空《いんねんくう》、心空《しんくう》、法空《ほっくう》なるを見て、一念決定《けつじょう》断じて、逈然無事《けいねんぶじ》なる、便ち是れ経像を焚焼するなり。大徳よ、若《も》し是《かく》の如くに達得《たっとく》せば、他《か》の凡聖の名に碍《さ》えらるることを免れん。你が一念心、秖《た》だ空拳指上《くうけんしじょう》に向かって実解《じつげ》を生じ、根境法中《こんきょうほっちゅう》に虚《むな》しく捏怪《ねっかい》して、自から軽んじ、退屈《たいくつ》して言う、我れは是れ凡夫、他《かれ》は是れ聖人と。禿屢生《とくるせい》、甚《なん》の死急《しきゅう》有ってか、他の師子皮《ししひ》を披《ひ》して、却って野干鳴《やかんみょう》を作《な》す。大丈夫の漢、丈夫の気息《きそく》を作《な》さず、自家屋裏《じかおくり》の物を、肯《あ》えて信ぜず、秖麼《しも》に外に向かって覓《もと》めて、他の古人の閑名句《かんみょうく》に上《のぼ》る。陰《いん》に倚《よ》り陽《よう》に博《はか》って、特達《とくだつ》すること能《あた》わず。境《きょう》に逢えば便ち縁《えん》じ、塵に逢えば便ち執し、触処《そくしょ》に惑《まどい》起こって、自から准定《じゅんじょう》無し。

道流よ、山僧が説処《せっしょ》を取ること莫かれ。何が故ぞ、説は憑拠《ひょうこ》無し。一期《いちご》の間、虚空に塗画《とが》する、彩画像《さいがぞう》等の喩《たと》えの如し。道流よ、仏を将《もっ》て究竟《くきょう》と為《な》すこと莫かれ。我れ見るに猶お厠孔《しく》の如しと。菩薩羅漢も、尽《ことごと》く枷鏁《かさ》、人を縛する底《てい》の物なり。所以《ゆえ》に、文殊《もんじゅ》は剣に仗《よ》って、瞿曇《くどん》を殺さんとし、鴦掘《おうくつ》は刀を持して、釈氏《しゃくし》を害せんとす。道流よ、仏の得《う》可《べ》き無し。乃至三乗五性《ごしょう》、円頓《えんどん》の教迹《きょうしゃく》も、皆な是れ一期《いちご》の薬病相治《そうじ》、並びに実《じつ》法《ぼう》無し。設《たと》い有るも、皆な是れ相似《そうじ》、表顕《ひょうけん》の路布《ろふ》、文字の差排《さばい》にして、且《しば》らく是《かく》の如く説くのみ。道流よ、有る一般《ひとつら》の禿子《とくす》は、便《すなわ》ち裏許《りこ》に向かって功を著《つ》けて、出世の法を求めんと擬《ぎ》す。錯《あやま》り了《おわ》れり。若し人仏を求むれば、是《こ》の人仏を失す。若し人道を求むれば、是の人道を失す。若し人祖を求むれば、是の人祖を失す。大徳よ、錯ること莫かれ。我れ且《しば》らく、你が経論を解《げ》することを取らず。我れ亦た你が国王大臣なることを取らず、我れ亦た、你が弁《べん》の懸河《けんが》に似たることを取らず、我れ亦た、你が聡明智恵を取らず、唯だ你が真正の見解を要す。

道流よ、設《たと》い百本の経論を解得《げとく》するも、一箇無事底《てい》の阿師《あし》に如《し》かず。你ら解得すれば、即ち他人を軽蔑《けいべつ》す。勝負の修羅、人我《にんが》の無明《むみょう》、地獄の業《ごう》を長《ちょう》ず。善星比丘《ぜんしょうびく》の如きは、十二分教を解《げ》するも、生身《しょうじん》に地獄に陥りて、大地も容《い》れず。如《し》かず無事にして、休歇《きゅうけつ》し去らんには。飢え来れば飯を喫し、睡り来れば眼を合す。愚人は我れを咲《わら》う、智は乃ち焉《これ》を知る。道流よ、文字の中に向かって求むる莫かれ。心動ずれば疲労す、冷気を吸うも益《やく》無し。如かず、一念縁起無生《むしょう》にして、三乗権学《ごんがく》の菩薩を超出《ちょうしゅつ》せんには。

大徳よ、因循《いんじゅん》として日を過ごす莫《な》かれ。山僧往日《そのかみ》、未だ見処《けんじょ》有らざりし時、黒漫漫《こくまんまん》地《じ》なりき。光陰空しく過ごす可からず。腹熱し心忙しく、奔波《ほんぱ》して道を訪《と》うて、後に還って力を得て、始めて今日に到って、道流と共に是の如くに話度《わたく》す。諸の道流に勧む、衣食《えじき》の為めにすること莫かれ。看よ、世界は過ぎ易く、善知識は遇《あ》い難し。優曇花《うどんげ》の時に一たび現ずるが如くなる耳《のみ》。你諸方に、箇《こ》の臨済老漢《ろうかん》有りと聞道《き》いて、出で来って便ち問難し、語り得ざらしめんと擬《ぎ》す。山僧に全体作用《さゆう》せられて、学人空しく眼を開き得て、口は揔《そう》に動くを得ず、懵然《ぼうぜん》として、何を以て我れに答えんということを知らず。我れ伊《かれ》に向かって道《い》う、竜象《りゅうぞう》の蹴踏《しゅうとう》は驢《ろ》の堪《た》うる所に非ずと。你諸処に、秖《た》だ胸を指ざし肋《ろく》を点《てん》じて、我れ禅を解《げ》し道を解す。三箇両箇、者裏《しゃり》に到って奈何《いかん》ともせず。咄哉《とっさい》、你者箇《しゃこ》の身心《しんじん》を将《もっ》て、到る処に両片皮《りょうへんぴ》を簸《ひ》して、閭閻《りょえん》を誑謼《おうが》す、銕棒《てつぼう》を喫すること、日有る在らん。出家児に非ず、尽く阿脩羅《あしゅら》界に向かって摂《せっ》せられん。

夫《そ》れ至理《しいり》の道の如きは、諍論《じょうろん》して激揚《げきよう》を求め、鏗鏘《こうそう》として以て外道《げどう》を摧《くじ》くに非ず。仏祖の相承《そうじょう》に至っては、更に別意無し。設《たと》い言教《ごんきょう》有るも、化儀《けぎ》の三乗五性《ごしょう》、人天《にんでん》の因果に落在《らくざい》す。円頓《えんどん》の教えの如きも、又た且つ然らず。童子善財《どうじぜんざい》も、皆な求過《ぐか》せず。大徳よ、錯《あやま》って心を用うること莫《な》かれ。大海の如きは死屍《しし》を停《とど》めず。秖麼《しも》に担却《たんきゃく》して天下に走らんと擬し、自から見障《けんしょう》を起こして、以て心を碍《さ》う。日上に雲無ければ、麗天普《れいてんあまね》く照らす。眼中に翳《えい》無ければ、空裏《くうり》に花無し。道流よ、你、如法《にょほう》ならんと欲得《おも》わば、但だ疑を生ずること莫かれ。展《の》ぶるときは則ち法界に弥綸《みりん》し、収むるときは則ち糸髪《しほっ》も立《りっ》せず。歴歴孤明《れきれきこみょう》にして、未だ曾《かっ》て欠少《かんしょう》せず。眼見ず、耳聞かず、喚《よ》んで什麼物《なにもの》とか作《な》す。古人云く、説似一物則不中《せつじいちもつそくふちゅう》と。你但だ自家に看よ、更に什麼《なに》か有らん。説くも亦た尽くる無し。各自《かくず》に力を著《つ》けよ。珍重。

問。如何是五無間業。師云。殺父害母。出仏身血。破和合僧。焚焼経像等。此是五無間業。云。如何是父。師云。無明是父。你一念心。求起滅処不得。如響応空。随処無事。名為殺父。云何是母。師云。貪愛為母。你一念心。入欲界中。求其貪愛。唯見諸法空相。処処無著。名為害母。云何是出仏身血。師云。你向清浄法界中。無一念心生解。便処処黒暗。是出仏身血。云何是破和合僧。師云。你一念心正達煩悩結使如空無所依。是破和合僧。云何是焚焼経像。師云。見因縁空。心空法空。一念決定断。逈然無事。便是焚焼経像。大徳。若如是達得。免被他凡聖名碍。你一念心。祇向空拳指上生寔解。根境法中虚捏恠。自軽而退屈言。我是凡夫。他是聖人。秃屢生。有甚死急。披他師子皮。却作野干鳴。大丈夫漢。不作丈夫気息。自家屋裏物不肯信。秖麼向外覓。上他古人閑名句。倚陰博陽。不能特達。逢境便縁。逢塵便執。触処惑起。自無准定。

道流。莫取山僧説処。何故。説無憑拠。一期間。塗画虚空。如彩画像等喩。道流。莫将仏為究竟。我見猶如厠孔。菩薩羅漢。尽枷鏁。縛人底物。所以。文殊仗剣殺於瞿曇。鴦掘持刀害於釈氏。道流。無仏可得。乃至三乗五性円頓教迹。皆是一期薬病相治。並無寔法。設有。皆是相似。表顕路布。文字差排。且如是説。道流。有一般秃子。便向裏許著功。擬求出世之法。錯了也。若人求仏。

是人失仏。若人求道。是人失道。若人求祖。是人失祖。大徳。莫錯。我且不取你解経論。我亦不取你国王大臣。我亦不取你弁似懸河。我亦不取你聡明智恵。唯要你真正見解。道流。設解得百本経論。不如一箇無事底阿師。你解得。即軽蔑他人。勝負修羅。人我無明。長地獄業。如善星比丘。解十二分教。生身陥地獄。大地不容。不如無事休歇去。飢来喫飯。睡来合眼。愚人咲我。智乃知焉。道流。莫向文字中求。心動疲労。吸冷気無益。不如一念縁起無生。超出三乗権学菩薩。

大徳。莫因循過日。山僧往日。未有見処時。黒漫漫地。光陰不可空過。腹熱心忙。奔波訪道。後還得力。始到今日。共道流如是話度。勧諸道流。莫為衣食。看世界易過。善知識難遇。如優曇花。時一現耳。你諸方聞道。有箇臨済老漢。出来便擬問難。便語不得。被山僧全体作用。学人空開得眼。口揔動不得。懵然不知。以何答我。我向伊道。竜象蹴踏。非驢所堪。你諸処秖指胸点肋。我解禅解道。三箇両箇。到者裏不奈何。咄哉。你将者箇身心。到処簸両片皮。誑誨閭閻。喫鉄棒有日在。非出家児。尽向阿脩羅界摂。

夫如至理之道。非諍論而求激揚。鏗鏘以摧外道。至於仏祖相承。更無別意。設有言教。落在化儀。三乗五性。人天因果。如円頓之教。又且不然。童子善財。皆不求過。大徳。莫錯用心。如大海不停死屍。秖麼担却。擬天下走。自起見障。以碍於心。日上無雲。麗天普照。眼中無翳。空裏無花。道流。你欲得如法。但莫生疑。展則弥綸法界。収則糸髪不立。歴歴孤明。未曾欠少。眼不見。耳不聞。喚作什麼物。古人云。説似一物則不中。你但自家看。更有什麼。説亦無尽。各自著力。珍重。

## 無明は父である

質問、「どういうものが奈落の底におちる五つの大罪[*1]ですか」

師匠、「父を殺し、母を殺し、仏の身に危害を加え、教団の統一をこわし、経典や仏像を焼きはらうこと、これらが奈落の底におちる五つの罪である」

問い、「どういうものが父ですか」

師匠、「無明が父である。[*2]君たちの心は、一瞬も生じたり滅したりするのを、見つけようがない。あたかも空中に反響だけがのこるように、どこにも何もないのを、父を殺したところとよぶ」

「どういうものが母ですか」

師匠、「貪りの念が母である。君たちの心は一瞬も、愛欲の世界に入って、その愛欲を探してみても、すべての存在には実体がないという条件があって、どこにも置きようがないと知るのを、母を殺したところとよぶ」

「どういうのが、仏の身に危害を加えることですか」

師匠、「君たちが清らかな理法の世界のうちで、一瞬も分別の心を起こさないで、どこもまっくらいのが、仏の身に危害を加えたところである」

「どういうのが、教団の統一をこわすことですか」

師匠、「君たちの心は一瞬も、正しく煩悩とその働きが、大空のようによりどころもないところまで、ずばりと行きつくのが、教団の統一をこわすことである」

「どういうのが、経典や仏像を焼きはらうことですか」

師匠、「条件によってあるものは空《くう》であり、[*3]われわれの心も空、存在もまた空であると知って、心が一瞬のうちにとことんおちついて、すっぱりと事もないのが、経典や仏像を焼きはらうところである。

修行僧よ、ここまでやってのけられるなら、君たちは凡人とか聖者という名目に、わずらわないで済む。君たちは一瞬も、からっぽのにぎり拳《こぶし》や、[*4]指に何か実があると考えて、感官と対象とその関係のあいだで、勝手に躍りまわるというだけで、自分のほうから軽々しく尻ごみして、『おれは凡人で彼は聖者である』などという。馬鹿坊主め、何をうろたえて、ライオンの皮をかぶっていながら、[*5]野狐の鳴き声をするのか。一人前の男が一人前の呼吸もできず、自分の内にあるものを信じようともせず、ただ外に探しまわるばかりで、古人のつまらぬシナリオにのせられて、陰陽をうかがうばかりで、独り立ちすることができぬとは。条件を見つけてはよりかかり、塵《ちり》に出会ってはとりつく。どちら向いても混乱するばかりで、自分にきまりというものがない。

**文殊はゴータマを殺そうとした**

仲間よ、山法師のいうことを、うのみにしてはならん。なぜなら、話に何の仔細もないのである。ある特定の期間、空中に絵をかいて見せるだけだ。例の画家がいろいろのもの[*6]の、形をかえて書くのにひとしい。

仲間よ、仏を目標にしてはいかん。わしは、便所の穴ぐらいにしか考えていない。菩薩や羅漢も、すべて首かせ手かせで、人をしばりあげるしろものだ。たとえば、文殊は剣をたずさえて*7ゴータマ（ブッダ）を殺そうとし、アングリマーラは刀をとって、釈尊を斬ろうとしたのである。

仲間よ、仏を把《つか》むわけにはいかん。さらに、かれの説いた三種のテキストや、*8根性の五種の分類から、完全で根底的という、*9大乗の教えにいたるまで、すべて仮りそめの薬と、病気のときの気やすめで、およそ実があるわけではない。よしんば、あるにしても、すべて暗似であり、表むきの看板である。*10適宜に文字をあしらって、まあそんなことをいうたまでだ。仲間よ、ある種の坊主どもときたら、そんなものの中で熱をあげて、出世間の道理を探そうとするが、てんから間違っているのだ。誰も仏を探すなら、その男は仏を見失っている、誰も道を探すなら、その男は道をとり逃がす、誰も祖師を探すなら、その男は祖師を見失っている。

## 正直《まとも》な考えだけを求めよ

修行僧よ、考えちがいをしてはならぬ。わしはとにかく君たちに、経論が読めることを期待せぬ、わしはまた君たちに、国王や大臣であることを期待せぬ、わしはまた君たちに、滝のように達者な弁説を期待せぬ、わしはまた君たちに、すばしこい耳や確かな目を期待せぬ。求めるのは、君たちの正直な考えだけである。仲間よ、よしんば百冊の経論を読めても、事もないただの坊主には勝てぬ。君たちはテキストが読めると、ほかの人々を見下げる。相手をやっつける阿修羅の心や、他人にまさろうという愚かさが、地獄行きの罪を助ける。たとえば善星比丘である。[*11]十二種の経典を読んでも、[*12]生きたまま地獄におちこみ、この地上に居場所がなかったという。事もなく、一切をやめてしまうほうがはるかにましだ。腹がへったら飯をくい、[*13]眠くなったら眼をとじる。愚かな奴は俺をあざけるが、知恵のある人はわかってくれる。仲間よ、お経のなかに（真理を）探してはいかん。お経をよむと、心臓をいためる、[*14]つめたい空気をすいこんで、ろくなことはないのだ。一瞬に、すべては条件であって、[*15]自ずから生じたものでないと知って、三種の方便的な菩薩の域を、一挙にとびこすにしくはない。

修行僧よ、ぐずぐずと日を送ってはならぬ。山法師も、昔はまだものが見えなかったころ、あたり一面がまっくらであった。月日を無駄にすることもならず、腹はかっかとふくれ、心臓はいらだって、あたふたと道をたずねまわったあげく、やっとお蔭で、[*16]今はじめて君たち道の仲間と、いっしょにこうして、話し合っている次第だ。くれぐれも仲間に注意したいのは、着るものや食いものに、気をとられてはいかん。知ってのごとく、世の中は変りやすい。すぐれた友人は、めったに会えぬ。ウヅンパラの花が（何千年に一度）姿を見せたようなものだ。君たちは各地で、この臨済のことをきくと、すぐにやって来て問いつめ、何もしゃべらせまいとするが、山法師に身ぐるみはがれて、きょとんと眼はあけても、口はてんで動かぬ。ぽかんとして、わしにどう答えてよいかわからぬ。わしはかれにいう、『竜象に蹴られては[17]、ロバはたまるまい』と。君たちは、あちこちで自分の胸をはり腹をたたいて、『おれは禅を知り道を知ってる』とばかりいうが、三人二人と揃って来ても、どうすることもできぬ。馬鹿なことよ、君たちはそんな根性で、どこに行っても口をパクつかせ、市井の大衆をだます。地獄で鉄棒をくらう時が来ることは、まず間違いない。家をすてた修行僧としてではなしに、阿修羅の仲間に配せられているぞ。

## 何かを説きたてたらもうすかたんだ

およそ究極の道理というものは、議論をかさねて宣揚したり、鳴りものいりで、異端だとたたくのではない。仏や祖師たちの血統書には、およそ特別の意もない。よしんばあるにしても、教化の手順[18]にすぎず、三つ五つの能力という、人間および天上の条件におちてしまう。完全にとことんといっても、結句は同じこと。善財童子[19]も、そんなものを探しはせん。修行僧よ、心得ちがいをしてはいかん。たとえば大海[20]の水は生きものの死骸を残さん。君たちは、そいつを担いで、世界中あるきまわろうとするから、自分で自分の目をそこない、心の動きをさまたげる。太陽は雲がかからぬとき[21]、美しい空いっぱいに光りかがやく。自分の目にかすみがなければ、空中に幻視は起こらん。仲間よ、君たちは、堅気であろうと思うなら、けっして好き嫌いをいうな。のべひろげると、*22 道理は世界にゆきわたるが、しまいこむと、髪の毛ひとすじも残さん。歴としてそれ自からあきらかで、今に何の不足もなかった。眼にも見えず、*23 耳にも聞こえんそのものを、いったい何と名づけるのか。古人は*24 いっている、『何かを説きたてたらもうすかたんだ』と。君たち、とことん自分で看てとるだけだ。そのほかに、いったい何があろう。話しても、きりがないわい。めいめいに、努力めされよ。大儀でござった」

＊1〈奈落の底におちる五つの大罪〉一般には、父を殺し、母を殺し、羅漢を殺し、仏身より血をだし、教団を破るという五つ。ここにいうのと全く異なる。おそらくは唐末の、河朔三鎮の実情による。「経典や仏像の破壊」を加えるのは、『大薩遮尼乾子所説経』四の説。

＊2〈無明が父である〉以下、父母、仏を含めて、『楞伽経』三による。『百丈広録』にもみえる。

＊3〈条件によってあるものは空であり…〉法空、人空、自性空の三つを指す。

＊4〈からっぽのにぎり拳や…〉『証道歌』の句。

＊5〈ライオンの皮をかぶって…〉『長阿含経』十一、『阿㝹夷経』の故事。

＊6〈画家がいろいろの…〉『楞伽経』一の説。

＊7〈文殊は剣をたずさえ…〉文殊の話は『宝積《ほうしゃく》経』百五の話。仏弟子たちが戒律の言葉にとらわれて、前世の罪業に悩んでいるのを救うために、自から罪業の空なることを実証して、仏を殺そうとしたもの。アングリマーラは、指鬘外道《しまんげどう》と訳される人。はじめ百人の指をとって首かざりを作ろうとし、百人目に母の指を切ろうとした時に仏に会い、仏を殺そうとするが、さとされて帰依する話。古くより大小乗の

経典にとりあげられ、大乗では般若皆空思想の体現者とみられる。禅宗でも早くより文殊の話と合わせて、高く評価される。『絶観論』、『百丈広録』、『黄檗語録』、『祖堂集』八（曹山）、『宗鏡録《すぎょうろく》』十四などにみえる。

＊8〈三種のテキストや…〉三種はすでに〔三〕にみえ、五種の根性は、先の三種のほかに、それらのいずれにも属せぬ優位と、いずれの可能性もない劣位の二つの番外を加えて、五つとするもの。成仏の可能性のない立場を加えたのは、法相宗の特色である。

＊9〈完全で根底的〉天台宗、華厳宗で説く立場。

＊10〈表むきの看板〉元来は封をせぬ公文書のことで、道路の側などに、戦勝を報ずるプラカード。

＊11〈善星比丘〉仏が太子であったときの子で、のちに仏の侍者になったという。『涅槃経』迦葉品にあり、禅宗では『血脈論』や『証道歌』にとりあげる。

＊12〈十二種の経典〉すでに〔三〕にみえる。

＊13〈腹がへったら飯をくい…〉南岳懶瓚《らんさん》の句。すでに〔四〕にその一部がみえる。

＊14〈お経をよむと、心臓をいためる〉『千字文』に、「心動ずれば神疲る」とある意。『千字文』によって、整理されている経蔵を前提しよう。

＊15〈一瞬に、すべては条件であって…〉『華厳合論』一の句。

＊16〈お蔭で〉すでに〔一〕にみえる。

＊17〈竜象に蹴られては〉『維摩経』不思議品の句。

＊18〈教化の手順〉天台宗でいう、化儀の四法を指す。

＊19〈善財童子〉『華厳経』入法界品にいう、文殊より弥勒に至る五十二人の善知識を歴訪した青年。童子は、菩薩の意。

＊20〈大海の水は…〉大海の功徳の一つ。『思益経』四、『四分律』一、『華厳経』七十七、『涅槃経』師子吼品など、大小乗の経・律・論に広くみえる。禅録でも盛んに引かれる。

＊21〈太陽は雲がかからぬとき…〉成語らしいが、出所を得ない。ただし前半は、弘忍《ぐにん》の『修心要論』にみえる。

＊22〈のべひろげると…〉道安の「安般経序」や、初期の禅に頻出。

＊23〈眼にも見えず…〉『伝灯録』三十に収める、一鉢歌の句。『荘子』在宥《ざいゆう》に、「目に見る所無く、耳に聞く所無く……」とある意。

＊24〈古人〉南岳懐譲《えじょう》を指す。六祖恵能をたずねて、「何がそのように来たのか」と問われたときの答え。

以下、ふたたび修行時代の問答。黄檗の下をはなれ、鎮州に来るまでのものであろう。相手はほとんど伝記が明らかでない。『祖堂集』にも『伝灯録』にも、とりあげられぬところをみると、それらの江南で編せられた禅宗史の書とは別に、古い口碑の句があった。あるいは、晩年に臨済自から語るところを、門下の三聖が書きあつめたのかもしれない。

**五二** 師行脚の時、竜光《りょうこう》に到る。光《こう》上堂。師出でて問う、鋒鋩《ほうぼう》を展《の》べず、如何《いかん》が勝つことを得ん。光拠坐《こざ》す。師云く、大善知識、豈《あ》に方便無からんや。光瞪目《どうもく》して云く、嗄《さ》。師、手を以て指ざして云く、者《こ》の老漢、今日敗闕《はいけつ》せり。

師行脚時。到竜光。光上堂。師出問。不展鋒鋩。如何得勝。光拠座。師云。大善知識。豈無方便。光瞪目云。嗄。師以手指云。者老漢。今日敗闕也。

### 竜光をたずねる

師匠は、修行時代に、竜光[*1]のところにおいでた。竜光が説法の座につく。[*2]師匠はすすみでた、「ほこ先をみせないで、どうすれば勝てますか」

竜光は居ずまいを正す。[*3]

師匠、「先輩、どうして手を出さぬ」

竜光は目を見はっていう、「ほう」[*4]

師匠は、手で相手を指ざしていう、「このじじい、今日は失敗ですぞ」

＊1〈竜光〉老僧らしいが、不明。
＊2〈説法の座につく〉歓迎の意だろう。
＊3〈居ずまいを正す〉黙って坐り直すこと。これが一つの答えになることがある。
＊4〈ほう〉嘆声である。『雲門録』にいう、「如何なるかこれ黙時の説、師云く、嗄」と。

三峯も不明だが、竜光のことをきいているから、黄檗山の近くにいたのであろう。若い臨済は、言語三昧を発揮して、意気すこぶる軒昂である。

**五三**　三峯《さんぼう》に到る。平《ぴょう》和尚問う、什麼《いずれ》の処よりか来る。師云く、黄檗《おうばく》より来る。平云く、黄檗は何の言句か有りし。師云く、金牛昨夜、塗炭《とたん》に遭《あ》う、直《た》だ如今《いま》に至って蹤《あと》を見ず。平云く、金風に玉管を吹く、那箇《なこ》か是れ知音《ちいん》。師云く、直だ万重の関を透って、青霄《せいしょ》〔音は曙〕の内にも住《とど》まらず。平云く、子《なんじ》が者《こ》の一問、太高生《たいこうせい》。師云く、竜は金鳳子《きんぼうす》を生み、碧波《へきは》の流を衝破《しょうは》す。平云く、且坐喫茶《しゃざきっさ》。又た問う、近離甚《きんりなん》の処ぞ。師云く、竜光。平云く、竜光は近日如何《きんじついかん》。師便《すなわ》ち出で去る。

到三峯。平和尚問。什麼処来。師云。黄檗来。平云。黄檗有何言句。師云。金牛昨夜遭塗炭。直至如今不見蹤。平云。金風吹玉管。那箇是知音。師云。直透万重関。不住青霄内。平云。子者一問太高生。師云。竜生金鳳子。衝破碧波流。平云。且坐喫茶。又問。近離甚処。師云。竜光。平云。竜光近日如何。師便出去。

**黄檗を背負う**

三峯[*1]にやってござった。平和尚がたずねた、「どこからおいでた」

師匠、「黄檗より参った」

平、「黄檗は、どういうことを教えたか」

師匠、「ゆうべは金の牛が熔鉱炉[2]におちこんで、そのまま跡も見せませぬ」

平、「秋風にのせて玉の笛を吹いてはいるが、はてさて誰がその音色をききわけてくれるか」

師匠、「ずばり万重の関門をつきぬけて、曙光のうちにもとどまらぬ男を、見てください」

平、「そなたの質問は、調子がよすぎる」

師匠、「竜がすばらしい金鳳を生んで、碧《あお》い流れをつきやぶってしまいました[3]」

平、「とにかく[4]、お茶をおあがり」

さらに、平はたずねた、「ちかごろどこに立ち寄られた」

師匠、「竜光です」

平、「竜光はこのごろどんな様子だった」

師匠は、出てゆく。

＊1〈三峯〉不明。平和尚も確かでない。
＊2〈ゆうべは金の牛が…〉黄檗の家風をのべる。すばらしい黄金の牛が、一夜でとけてしまって、跡かたもとどめぬ。すべておれのものになったという気概。

＊3〈碧い流れをつきやぶって…〉流布本は「衝破碧瑠璃」とする。この場合は瑠璃殻で、いうところの蒼穹《そうきゅう》である。
＊4〈とにかく…〉相手の高い姿勢を、おさえる言葉、老人ゆえに可能。

大慈寰中《かんちゅう》（七八〇～八六二）は、百丈の法をついでいる。この前後、この人だけが、素姓がわかる。

**五四**　大慈《だいじ》に到る。慈、方丈《ほうじょう》の内に在って坐す。師問う、丈室《じょうしつ》に端居《たんご》する時、如何。慈云く、寒松一色、千年別なり、野老《やろう》花を拈《ねん》ず、万（テキストは方に誤る）万春。師云く、今古《とこしえ》永に超ゆ円智《えんち》の体《たい》、三山《さんざん》鏁断《さだん》す万重の関。慈便《すなわ》ち喝《かつ》す。師も亦た喝す。慈云く、作麽《なん》ぞ。師払袖《ほっしゅう》して便ち出《い》ず。

到大慈。慈在方丈内坐。師問。端居丈室時如何。慈云。寒松一色千年別。野老拈花万万春。師云。今古永超円智体。三山鏁断万重関。慈便喝。師亦喝。慈云。作麽。師払袖便出。

**大慈との対話**
大慈山[＊1]にござった。大慈は自室にかまえている。師匠はたずねる、「方丈の中に居ずまいを正して、[*2]御心境は、いかがです」

大慈、「寒さに変わらぬ松は、千年を経て、他の木々と己れを分つ、百姓おやじが、花を手にして万万歳を祝う」

師匠、「現在も本来も、大円鏡知[*3]は永遠です、あたら三山[*4]は、万重の関所をとざしてしまいました」

大慈は、大声をあげてどなりつける。先生もおなじようにどなる。大慈、「どうした」

師匠は、袖をふりはらって出てくる。

＊1〈大慈〉杭州大慈山にいた人。『祖堂集』十七、『宋高僧伝』十二、『伝灯録』九。

＊2〈方丈の中に居ずまいを正して…〉『伝灯録』二十七にいう、「李翺《りこう》尚書、老宿の独坐するを見て問うて曰く、丈室に端居して、当《は》た何の務むる所ぞ、老宿云く、法身凝寂、去ること無く来ること無し」

＊3〈大円鏡知〉四知のうち、根本主体となる知恵。明鏡に譬えられる。円智はまた、『法苑珠林』九の述意にあり。

＊4〈三山〉東海にあるという蓬萊、方丈、瀛洲《えいしゅう》の神山。無著道忠は、李白の詩に「三山半《なか》ば落つ春天の外」という絶勝の地とし、金陵（南京）東南にある三山に当てる。

華厳もまた老人である。侍者に茶を命ずる義玄を、すでに知己とみている。さすがの義玄も払袖《ほっしゅう》できぬ。老人の居ねむりは、怖ろしい。

五五　襄州《じょうしゅう》の華厳《けごん》に到る。華厳、拄杖《しゅじょう》に倚《よ》って睡る勢《いきおい》を作す。師云く、老和尚、瞌睡《かっすい》して作麼《そも》。厳云く、作家《さっけ》の禅客《ぜんかく》、宛爾《えんに》として同じからず。師云く、侍者、茶を点じ来って、和尚の与《た》めに喫せしめよ。厳乃《すなわ》ち維那《いのう》を喚《よ》ぶ、第三位に者《こ》の上座を安排《あんぱい》せよ。

到襄州華厳。華厳倚拄杖作睡勢。師云。老和尚。瞌睡作麼。厳云。作家禅客。宛爾不同。師云。侍者点茶来。与和尚喫。厳乃喚維那。第三位按排者上座。

**襄州華厳をたずねる**

襄州の華厳[*1]にござった。華厳は杖によりかかった姿勢で、眠っている。

師匠、「じいさん、眠ってどうする」

華厳、「腕におぼえのある修行僧は[*2]、みるからに偉いな」

師匠、「小僧さん、お茶をいれてきて、じいさんに飲ませろ」

華厳は総務の僧を呼びつける、「このお方を僧堂の第三席に[*3]、ご案内申せ」

＊1 〈襄州の華厳〉襄州は湖北省襄樊《じょうはん》市。華厳は、のちに曹山の弟子が住する、鹿門山華厳院であろう。

ただし、このときの住持は不明。
＊2〈腕におぼえのある修行僧は…〉すでに〔三六〕にみえる。
＊3〈僧堂の第三席〉長老を助けて、修行僧を指導する坐席。

本書のうち、ただひとりの尼僧の登場。

**五六**　師、一尼《に》に問う、善来《ぜんらい》か悪来か。尼便《すなわ》ち喝す。師、棒を拈《ねん》じて云く、更に道《い》え、更に道え。尼又た喝す。師便ち打つ。

師問一尼。善来悪来。尼便喝。師拈棒云。更道。更道。尼又喝。師便打。

**ある尼僧との対話**

師匠がある尼僧にたずねる、「ようおいでたか、[*1]わるくおいでたか」尼はどなった。師匠は、棒をとりあげた、「さあいえ、さあいえ」尼はもう一つどなる。師匠は、すかさず打ちすえた。

＊1〈ようおいでたか…〉わるく来たかというのは、語呂を合わせただけである。尼僧ゆえか、ちょっと

した身構えがある。かつて、ブッダは入門希望者があると、「善来、比丘よ」と応じて、すべてただちに弟子にしたという。

翠峯山もどこか明らかでないが、義玄がこの人を訪《と》うのは、黄檗を出て直後のようだ。青年の客気なお容易に去りがたい。

五七 翠峯《すいほう》に到る。峯問う、甚処《いずく》よりか来る。師云く、黄檗より来る。峯云く、黄檗は何の言句有ってか、人に指示する。師云く、黄檗は言句無し。峯云く、什麼《なん》と為《し》てか無き。師云く、設《たと》い有らんも挙《こ》する処無し。峯云く、但だ挙し看《み》よ。師云く、一箭西天《いっせんさいてん》を過ぐ。

到翠峯。峯問。甚処来。師云。黄檗来。峯云。黄檗有何言句。指示於人。師云。黄檗無言句。峯云。為什麼無。師云。設有。無挙処。峯云。但挙看。師云。一箭過西天。

**翠峯との対話**

翠峯のところにやってござった。翠峯がたずねた、「どこから来られた」
師匠、「黄檗から参りました」
翠峯、「黄檗は、どういうことを弟子たちに教えているか」

師匠、「黄檗は、教えることがない」[*1]
翠峯、「どうしてないのか」
師匠、「あるとしても、ここでいうのはムダですよ」
翠峯、「とにかくいってごらん」
師匠、「一本の矢が、はるか西の空をとんでいます」[*2]

＊1〈黄檗は、教えることがない〉かれは、人を教えるという次元にいない。言葉で表明できるものを真理としていない。
＊2〈一本の矢が、はるか西の空を…〉手のとどかぬ境地。睦州にほぼ同じ問答がある。『古尊宿語要』にいう、「問い、新参ものです。御指示をねがいます。先生、おのれを埋没してはいかん。進んでいう、どうかお慈悲です。先生、一箭西天を過ぐ、一成らず両是ならず（いちかばちか、一本勝負）」

象田もまた不明の人、おそらく老僧である。青年の客気と、かみあわない。

**五八**　象田《ぞうでん》に到る。師問う、凡ならず聖ならず、請う師、速やかに道《い》え。田云く、老僧は秖《た》だ与麼《よも》。師便《すなわ》ち喝《かっ》して云く、許多《そこばく》の禿子《とくす》、者裏《しゃり》に在って什麼《なん》の椀《わん》をか覓《もと》むる。

到象田。師問。不凡不聖。請師速道。田云。老僧秖与麼。師便喝云。許多禿子。在者裏覓什麼椀。

## 象田との対話

象田[*1]にやって来られた。師匠はたずねる、「凡人でも聖者でもない人を[*2]、どうか先生、ずばりお答えください」

象田、「老僧はただ、こうしているだけだ」

師匠は、どなりつけた、「大ぜいの坊主どもめ[*3]、ここでどんな飯椀にありつこうというのだ」

＊1〈象田〉不明。

＊2〈凡人でも聖者でもない人〉凡聖のランクのつけられぬ、ヌウボウ男。

＊3〈大ぜいの坊主どもめ…〉弟子にかこつけて、象田を痛罵する言葉。『雲門広録』上にいう、「毎日腹いっぱい飯をくったうえ、うろつきまわって、どんな椀を探そうというのか」

この人もまた、臨済の気に入らぬ。青年の特権は、思ったとおりいうにある。臨済禅は、青年のものである。

**五九**　明化《みょうけ》に到る。化問う、来来去去《らいらいこここ》して什麽《なに》をか作《な》す。師云く、秪《た》だ徒《いたず》らに草鞋《そうあい》を踏破《とうは》す。化云く、畢竟作麽生《ひっきょうそもさん》。師云く、者《こ》の老漢、話頭《わとう》も也《ま》た識《し》らず。

到明化。化問。来来去去。作什麽。師云。秪徒踏破草鞋。化云。畢竟作麽生。師云。老漢話頭也不識。

**明化との対話**

明化[*1]にやってござった。明化がたずねた、「あちこちうろつきまわって、何になるものか」

師匠、「無駄に草鞋《わらじ》をすりへらした[*2]だけです」

明化、「つまるところ、どうなんだ」

師匠、「じいさん、答え方さえごぞんじない[*3]」

＊1〈明化〉不明。
＊2〈無駄に草鞋を…〉「秪徒」は意が通じがたい。徒を「図」に改める説がある。
＊3〈答え方さえごぞんじない〉『碧巌録』四十九則に、同じ句がみえる。

鳳林を訪ねる途上での問答。禅録にあらわれる女性は、みな一くせも二くせもある剛のものである。後代になると、そんな先入観で、ことさらテキストを改める傾向がある。
この一段も、そんな実例の一つであろう。

六〇 鳳林《ほうりん》に到る。路に一婆に逢う。婆問う、甚処《いずく》にか去る。師云く、鳳林に去る。婆云く、恰《あたか》も鳳林の不在なるに値《あ》う。師云く、甚処にか去る。婆便《すなわ》ち行く。師乃ち婆を喚《よ》ぶ。婆、頭を回《かえ》す。師便ち行く。

到鳳林。路逢一婆。婆問。甚処去。師云。鳳林去。婆云。恰値鳳林不在。師云。甚処去。婆便行。師乃喚婆。婆回頭。師便行。

**どちらへ行かれる**

鳳林のところにやって来られた[*1]。途上で、ある婆さんに出会う。婆さんがきく、「どちらへ行かれる[*2]」
師匠、「鳳林にまいる」
婆さん、「鳳林和尚は、あいにくお留守だが」

師匠、「どちらへ行かれた」

婆さんは歩きだす。[*3] 師匠は、そこでよびとめた。婆さんがふりむく。師匠は、歩きだす。

＊1〈鳳林〉不明。
＊2〈どちらへ行かれる…〉この段には、「甚処去」という同じ問いが二度みえる。主語もテンスもない。第一問は、婆さんが臨済に、「どちらへ行かれる」とたずねる。第二問は、婆さんの「あいにくお留守だが」をうけて、臨済が発したもので、これを今は、「鳳林はどちらへ行かれた」という質問として訳したが、「鳳林はどちらへ行かれる」とすれば、不去不来の鳳林がどこに行くものか、という難詰の言葉になる。また、鳳林の外出はさておいて、「婆さん、そなたはどちらへ行かれる」ととることもできよう。さらに、答えずに歩きだした婆さんの振る舞いも、さまざまに解せられる。第一問の婆さんの「甚処去」と、第二問の臨済の「甚処去」は、句を同じくしながら、意を異にしているのである。
＊3〈婆さんは歩きだす〉流布本は「婆便打」とし、最後のところも「師便打」とする。先にいうように、すこぶる先走った修正である。

鳳林は詩人である。義玄もまたこの人に会って、詩情を深める。『臨済録』のうちで、もっとも文学的香気にみちた一段である。潙仰の評論がついているのも、古くから注目された証拠である。

六一　鳳林に到る。林問う、事《じ》有り相い借問《しゃもん》す、得んや。師云く、何ぞ肉を剜《え》って瘡《きず》と作《な》すことを得たる。林云く、海月澄んで影無し、遊魚独自《みず》から迷う。師云く、海月既に影無し、遊魚何ぞ迷うことを得ん。鳳林云く、風を観《み》て浪の起こるを看《み》る、水を翫《もてあそ》んで野帆飄《ひるがえ》る。師云く、孤輪《こりん》独り照らして江山静かなり、自から笑う一声、天地驚く。林云く、任《たと》い三寸を将《もっ》て天地を輝かすとも、一句機に臨んで試みに道《い》い看よ。師云く、路に剣客に逢わば須《すべか》らく剣を呈すべし、是れ詩人ならずんば、詩を献ずること莫《な》し。鳳林便《すなわ》ち休す。師乃《すなわ》ち頌《じゅ》有り、大道、同を絶す、西東に向かうに任《ま》かす。石火も及ぶ莫く、電光も通ずる罔《な》し。

　潙山、仰山に問う、石火も及ぶ莫く、電光も通ずる罔《な》し。従上《じゅうじょう》の諸聖《しょしょう》は、什麼《なに》を将てか為人《いにん》せし。仰山云く、和尚の意《い》は作麼生《そもさん》。潙山云く、但有《あらゆ》る言説は、都《すべ》て実義無し。仰山云く、然らず。潙山云く、子《なんじ》又た作麼生。仰山云く、官《かん》には針をも容《い》れず、私《わたくし》には車馬《しゃあば》を通ず。

到鳳林。林問。有事相借問。得麼。師云。何得剜肉作瘡。林云。海月澄無影。遊魚独自迷。師云。海月既無影。遊魚何得迷。鳳林云。観風看浪起。翫水野帆飄。師云。孤輪独照江山静。自笑一声天地驚。林云。任将三寸輝天地。一句臨機試道看。師云。路逢剣客須呈剣。不是詩人莫献詩。鳳林便休。師乃有頌。大道絶同。任向西東。石火莫及。電光罔通。

潙山問仰山。石火莫及。電光罔通。従上諸聖。将什麼為人。仰山云。和尚意作麼生。潙山云。但有言説。都無寔義。仰山云。不然。潙山云。子又作麼生。仰山云。官不容針。私通車馬。

## 鳳林との対話

鳳林にやってござった。鳳林が問うた、「うかがいたいことがござる、よろしいか」

師匠、「よくも自分の肉を切りとって、瘡[*1]をつけたものよ」

鳳林、「海にうつる月は、[*2]澄みきって光がないのに、水中の魚が、勝手にさまよう」

師匠、「海にうつる月に光がないのに、水中の魚がどうしてさまようのか」

鳳林、「風の動きをみて、どんな波が起こるかと思えば、水あそびの船帆がちらちらしているだけだ」

師匠、「月の輪が輝く[*3]だけで、川も山も静まりかえっている、私が一声笑うと、天地が動揺します」

鳳林、「舌先三寸で天地を光らせるのは、そなたのかってだ、ひとつ目前のおれに対して、ためしに一言答えてみよ」

師匠、「ばったり達人に出会えば、路上でも剣を差しあげねばなりませんが[*4]、詩の名手でない人には、詩を贈るわけに参らぬ」

鳳林は、これまでと切りあげる。

師匠は、そこで歌にまとめた、

大きい道は、広いということさえない。西に行こうが東に行こうが、思いのままだ。

その（男の）すばやいこと、火花も追いつかず[*5]、稲妻もとどきようがない。

潙山が仰山にたずねた、「そのすばやいことは、火花も追いつかず、稲妻もとどきようがないというが、それじゃ、古来の聖賢たちは、どういう方法で人を導かれたのであろう」

仰山、「お師匠さまは、どうお考えですか」

潙山、「およそ言葉というものは[*6]、どれもみな実体がないのだ」

仰山、「そうは思いません」

潙山、「それでは、そなたどうする」

仰山、「役所では、針の穴一つ通しません[*7]、裏口なら、車でも馬でもみな通します」

＊1〈よくも自分の肉を…〉元来は応急手当ての意。転じて馬鹿げた措置。『維摩経』弟子品に、「彼れすでに瘡なし、これを傷《そこな》う勿《な》かれ」とあるのをあわせ承ける。

＊2〈海にうつる月は…〉『祖堂集』七の夾山《かっさん》の章に、「清潭の水、遊魚自から迷う」とあるのを承ける。「迷う」とは自由の意である。

＊3〈月の輪が輝く…〉薬山が山上で月を見て、大笑した故事による。『祖堂集』四参照。

＊4〈ばったり達人に…差しあげねばなりません〉当時の諺。『伝灯録』十二の睦州の章や、『雲門広録』

上にみえる。

*5〈火花も…〉すでに〔四七〕にみえる。

*6〈およそ言葉というものは…〉『楞厳経』三の句。

*7〈役所では、針の穴一つ通しません…〉当時の諺。『続高僧伝』二十九の「道興伝」にもみえる。


金牛院は鎮州にある。義玄がこの地に帰ったころ、最初の問答らしい。金牛もまた老人である。若い義玄の勇みがおもしろい。

六三　金牛《きんぎゅう》に到る。牛、師の来るを見て、横に主杖《しゅじょう》を按《あん》じて、当門に踞坐《こざ》す。師、手を以て拄杖を敲《たた》くこと三下《さんげ》、堂中に却帰《きゃっき》して、第一位に坐す。牛、下り来って見て、乃《すなわ》ち問う、夫《そ》れ賓主の相看《しょうかん》は、各《おのおの》威儀《いぎ》を具《ぐ》す。上座、何従《いずれよ》り来りて太無礼生《たいぶれいせい》なる。師云く、老和尚、什麼《なん》と道《い》うぞ。牛、口を開かんと擬す。師便《すなわ》ち打つ。牛、倒るる勢《いきおい》を作《な》す。師又た打つ。牛云く、今日は便《たより》を著《え》ず。

潙山、仰山に問う、此の二尊宿、還《ま》た勝負有りや。仰山云く、勝てば即ち揔《そう》に勝つ、負くれば即ち揔に負く。

到金牛。牛見師来。横按主杖。当門踞坐。師以手敲拄杖三下。却帰堂中。第一位坐。牛下来見。

乃問。夫賓主相看。各具威儀。上座従何而来。太無礼生。師云。老和尚道什麼。牛擬開口。師便打。牛作倒勢。師又打。牛云。今日不著便。

潙山問仰山。此二尊宿。還有勝負也無。仰山云。勝即惣勝。負即惣負。

## 金牛との対話

金牛[*1]にやって来た。金牛は、師匠を見かけると、杖を横にかまえて、門の正面にどっかと坐りこむ。師匠は手で相手の杖を三つたたくと、引きかえして禅堂の第一座の席[*2]につく。

金牛は降りてきて、たずねる、「そもそも客が主人[*3]におめにかかるには、双方とも決まった礼儀をつくすものだ。貴公はどこから来たというので、無礼きわまる」

師匠、「老師は何がおっしゃりたいのです[*4]」

金牛は、口を動かそうとする。師匠は、すかさず打つ。

金牛は倒れそうな恰好になる。師匠はもう一つ打ちすえる。

金牛、「今日はついてないわい[*5]」

潙山が仰山にたずねた、「この二人の長老、そもそも勝ち目があったのかな」

仰山、「（どっちも）勝つなら、とことん勝ち[*6]、負けるなら、とことん負けです」

＊1 〈金牛〉『伝灯録』八に、馬祖の法をつぐ鎮州金牛がいる。『碧巌録』七十四則にもみえる人だが、今

の場合と同一人ではあるまい。
＊2〈禅堂の第一座の席〉首座《しゅそ》の坐るところ。修行僧を指導する役である。
＊3〈そもそも客が…〉『伝灯録』五の永嘉玄覚の章にいう、「夫《そ》れ沙門は三千の威儀、八万の細行を具す、大徳、何方《いずれ》より来りてか大我慢を生ずる」
＊4〈老師は何がおっしゃりたい…〉〔三〕で、普化が「ここがどういう場所だと思って…」という意。
＊5〈今日はついてないわい〉当時の諺。
＊6〈勝つなら、とことん…〉主語は、双方とも。

# 『臨済録』と『歎異抄』

柳田聖山

臨済義玄《りんざいぎげん》(—八六六)の説法を、唐末五代の河北という、特定の歴史地理にかさねて、あらためて解釈し直そうという、私のひそかな決意と方法は、いうまでもなく第二次世界大戦中、何でも彼でも戦意昂揚に向かったことへの、私なりの反省によるのだが、確かな学問的端緒をつかむことは、必ずしも容易でなかった。

新中国の誕生という、禅の土壌の一大変革と、いわゆる戦後民主主義や、左翼的な学問の横行に、私はとても臆病であった。

幸いに入矢義高先生の、新しい俗語研究の末席に加わって、中世以後の話し言葉の理解が変わり、禅のテキストの読みが深まるが、臨済の説法には、唐末五代の河北という、特定の俗語があるのでないか、俗語研究一般になじまぬ、禅の俗語の研究が必要でないか。臨済が特定の俗語で語るのは、臨済の目の前に俗語の聴き手がいるためである。彼らはいったい、どんな顔つきをしていたのか。臨済が語りかける「瞎禿奴《かっとくぬ》」は、いったい何ものであったか。

私はすでに円仁《えんにん》(七九四—八六四)の日記によって、河北三鎮の大ボスが、ひとしく仏教に好意をよせ、中央の弾圧に抗したことを知るが、いわゆる禅門宗への円仁の共感は、必ずしも全面的なものではない。円仁は五台山や天台宗の、旧仏教から禅をみている。出国をせまる、武宗《ぶそう》の廃仏令とかさなって、円仁の記録は末期《まつご》的である。円仁の記録する河北仏教と、当の河北仏教を伝える『臨済録』の語法は、時として正反対となる。

たとえば河朔《かさく》の兵隊が、「人物を劫奪《ごうだつ》して、触処《そくしょ》甚だ多く、州県の捉獲する者、皆な是れ還俗僧《げんぞくそう》」（小野勝年『入唐求法巡礼行記の研究』四、二三四ページ）という、「還俗僧」の正体は何ものか。

「人物」は、現代日本語のそれでなしに、おそらくは人と物である。人は兵隊で、物は生きもの、すなわち衆生《しゅじょう》でなかろうか。近代東洋史の成果を仮《か》ると、唐の良民と賤人を含む、半人半物である。くわしくは後にくりかえすが、兵隊は戦って敵を生け捕りにし、仲間を増やすのが目的で、人を殺してはいかん。「還俗僧」もまた、正規の僧が俗にかえるより、俗が僧形《そうぎょう》をとる、俄《にわ》か道心のことならん。要するに、臨済の説法を聴いているのは、そんな俄《にわ》か坊主（道流《どうる》）である。個々の修行者が集まって、禅の僧伽《そうぎゃ》をつくるというよりも、すべてが数字ではかられる無名の僧の集まりから、新しい禅仏教が生まれる。円仁が「触処甚だ多し」と記す「触処」は、「どこを向いても、どこをみても」で、悪僧がいっぱいいたというのである。

当時、潙山《いさん》門下は一千五百衆、黄檗《おうばく》は七百衆という（本書34、36ページ）。雪峯《せっぽう》もまた一千五百、あるいは一千七百衆といわれる。唐末五代の全土、各地に、新しい門風をはる善知識は、おそらくそんな、人さらいの達人である。臨済の説法に耳を傾けている、道流の正体が判ると、例の武宗の廃仏ののち、全土に拡がる禅仏教の側の、新しい戦いの手が判る。先に引く円仁の記録は、『臨済録』に伝える禅仏教と、おそらくは同一事実の両面である。

私は「唐末五代の河北地方に於ける禅宗興起の歴史的社会的事情について」という題で、昭和三十五年の三月、『日本仏教学協会年報』二五に私見を出して、先にいう歴史地理の一端を述べた。円仁の日記を手がかりに、同時代の『資治通鑑《しちつがん》』をよみかえして、河朔三鎮の大ボスが、中央の廃仏令に抗して、ほとんど国内国家の勢いにあり、臨済義玄の檀越《だんおつ》となる王常侍《おうじょうじ》も、鎮州王氏の一族にもとめると、大中九年（八五五）に王元逵《おうげんき》が死し、その子王紹鼎《おうしょうてい》が成徳留後《せいとくりゅうご》となり、翌年に紹鼎が死ぬと、咸通《かんつう》七年（八六六）まで、その後をつぐ王紹懿《おうしょうい》が、おそらくは臨済の禅を支える、当の大ボスであろうと考えたのである。『臨済録』の流布本で、もっとも知名の王常侍は、潙山下の居士《こじ》であるが、後に流布本の方がすりかえるので、歴史地理に逆行する証拠の一つ。河朔三鎮の大ボスは大なり小なり、すべて北胡《ほくこ》の血をうけていて、形は唐朝中央の藩鎮《はんちん》だが、反唐の力を蓄えてやまぬ、面従内背の一旗《ひとはた》ものである。『資治通鑑』のいう通りだと、成徳留後の王氏のみ、父の志を改めて唐に伏し、唐朝より公主の降嫁を得るのも、素人の俄か勉強を支える。

流布本の『臨済録』は、北宋末期に福州鼓山《くざん》で出版されるが、このときかなり改編の手が加わることを、誰もみな推定するものの、唐末から宋代初期に至る、『臨済録』の動きをつきとめることは、なかなか言い易くして難しい。明代に再編される『四家録』が、宋初の『天聖広灯録』に似ることも、すでに旧《ふる》くより知られていたが、『四家録』第三の「臨済」を、直ちに祖本とするには、すこぶる慎重でなければならぬ。

かつて天下の孤本とみられた、南京図書館所蔵の宋本『四家録』も、実際は元版であって、明本の祖本とはなっても、直ちに福州版『臨済録』の祖本とはならぬ。『臨済録』の祖本は、『天聖広灯録』のテキストをふまえて、あらためて校訂するほかはない。『天聖広灯録』の「臨済」その他の章もまた、すでに宋代の改修を含む。王常侍のすりかえがその一つ。もっとも確かなのは、有名な臨済栽松の話についている潙仰《いぎょう》のコメントが、風穴《ふけつ》の出世を讖《しん》する句で、それが『景徳伝灯録』とちがうのに、私はあまりにも不注意であった。

結論を先にいうと、臨済栽松話と潙仰のコメントは、『景徳伝灯録』の編集に際して、刊削者の楊億《ようおく》が新加するので、このときすでに河朔三鎮の大ボス、王氏一族の名が消える。臨済を黄檗山から鎮州臨済に迎える、郷党の大ボスを趙人とするのは、すでに『祖堂集』や『宋高僧伝』以来のことだが、いずれも共に臨済滅後百年、江南での再編であることを、考えあわすべきである。時代はすでに、五代より宋初に移る。河朔三鎮の評価が変わると、かれらを対告衆とする、臨済の説法もまた変わる。臨済を祖とする臨済宗は、四世風穴によって大きく改まる。風穴は福州の人、北上して汝陽《じょよう》に至り、ここで臨済をつぐのだが、河朔三鎮はすでに消えて、臨済の第一道場は、五代北宋の版図にない。風穴の再興は、残された臨済の説法によるので、潙仰の讖が唯一の根拠。

もともと風穴を臨済の四世とする臨済栽松話と潙仰のコメントは、『景徳伝灯録』の刊削者楊億の手をくぐるとき、臨済の説法を宋朝士大夫《したいふ》のものとする、新しい要請による改編である。コメントの権威は、仰山その人よりも、仰山につぐ南塔光涌《なんとうこうゆう》に移る。南塔光涌のコメントによると、黄檗の記をうける風穴は、始め、ある一人の指南によって、呉越にその令を行じ、後に大風にあうのであり、必ずしも風穴を四世とする、臨済一宗のことでない。「一人」とは言うまでもなく、宋の太宗その人で、楊億が『景徳伝灯録』を刊削する、すべての権威のよるところ。当の太宗もまた、禅のテキストの作者で、『御製蓮華心廻文偈頌《げじゅ》』二十五巻以下、四種の御製を入蔵せしめる。楊億の『景徳伝灯録』序に、太祖、太宗、今上《きんじょう》の徳をほめ、「太宗は欽明を以て御弁し、秘詮を述べて真諦を暢にす」とある所以《ゆえん》。いずれも法眼《ほうげん》宗にかさなるが、臨済中興の新しい祖として、風穴を権威づけるためには、あらためて南塔光涌のコメントが必要となる。潙仰のコメントに代わる、「一人」の登場である。風穴が始め呉越にその令を行ずるのも、宋朝の現在を視《み》すえるので、呉越の禅仏教を併呑する、臨済禅への期待とかさなる。

こうして河朔三鎮の大ボスによって、わずかに紡ぎ出された臨済の説法は、唐末五代の歴史地理にそって、当初の俗語のトーンを失う。俗語研究一般で覆《おお》えぬ、俗語の禅の変質である。『宋高僧伝』の編者が、「今恒陽に臨済禅宗と号す」と書く総括は、極めて重い。しかしまた一方で、言教頗《すこぶ》る世に伝わるという、編者賛寧の臨済評価は、容易に消すことのできぬ、臨済の俗語仏教の本質を示す。『臨済録』の上堂や勘弁、行録《あんろく》の一部には、後代の改編があるにしても、晩参、示衆の長い説法は、すでにほぼ一定されて、当初の古い語気をとどめる。解釈は変わっても、語法そのものを変えることは、すこぶる容易でない。たとえば臨済が面前の「聴法底《ちょうぼうてい》」によびかける、「瞎禿奴《かっとくぬ》」や「瞎屢生《かつるせい》」の罵語は、ほぼ原初のままでないか。

私が古い「瞎禿奴」の語気に気付くのは、先にいう『天聖広灯録』のテキストを、『臨済録』の祖本と考えて、その口語訳を試みた時のこと。昭和四十六年十月、『禅文化研究所紀要』三に収める、「臨済のことば――〈臨済録〉口語訳の試み――」がそれだが、『天聖広灯録』のテキストには、「瞎禿兵」というのが残って、流布本ではすべて「瞎禿奴」に統一されるためで、禿兵は禿奴にちがいないが、果たして語気のちがいに終わるのか、どうか。禿比丘《びく》のことともいえるが、すべてが比丘の誤記ならず。むしろ本来禿兵であったのを、禿奴と改めるのが、不徹底に終わったのでないか。兵を奴とすることは、宋代の兵制をふまえて、むしろ必ずしも適当でないが、禿兵のままでのこすのは、さらに適当とはいえまい。奴もまた賤称にちがいないが、奴隷制は貴族制とともに、唐代前半をもって終焉する。罵語はいつも現代のことで、人権の問題にかかわる。唐末五代の河北で、むしろ当然であった罵語が、時代を下るに従って、必ずしも当然とは言えず、本来は面前の聴衆に対して親しみをさえもっていた俗語が、歴史地理の変化によって、むしろ逆効果を生むのである。

「瞎禿兵」の語は、大恵《だいえ》が引く『正法眼蔵』のテキストにも、『虚堂録《きどうろく》』にものこるから、流布本『臨済録』の「瞎禿奴」は、やはり大きい改訂となる。

「瞎禿兵」は唐末河北に特定される、臨済禅の俗語の一つだが、臨済の語気の理解問題は、さらに無限に困難が多い。むしろ従来当然と考えられた語句の、理解や解釈の問題にひろがる。テキストの問題よりも、重点は解釈にある。臨済宗の聖典ともなると、解釈を改めるのは容易ならず、事情はその核心にせまることとなる。幾度も挫折、絶望のはてに、私がようやくたどりつく中間報告は、先にいう口語訳の試みだが、鈴木大拙が主張する臨済の人思想を、当面の目標とするのみ、その先にある問題など、とても考える余裕はなかった。

鈴木大拙の『臨済の基本思想』は、第二次大戦末期の執筆で、はじめ『哲学季刊』に分載され、のちに昭和二十四年に到って、中央公論社の出版となる。今にして思うと、鈴木大拙の臨済解釈は、戦後民主主義の第一歩で、臨済の思想などというものでないが、従来の伝統的な訓《よ》みにくらべると、断然新しいものであり、私の臨済研究は、この本に長く左右される。さらにまた、従来の伝統的な訓みを、大きく改めたのは、陸川堆雲《りくがわたいうん》の『臨済及び臨済録の研究』である。昭和二十四年、長野県岡谷の喜久屋書店の出版で、喜久屋は著者陸川堆雲居士の生業、信州味噌の工場の一角である。私たちは、この本をくりかえし読んで、戦争中の呪縛を脱するのである。臨済とその『臨済録』は、人間解放の手形であった。

　臨済の人思想は、戦後日本をゆりうごかす民主制でも、現代的な新解釈でもない、唐末五代の「瞎禿奴」という、このくにに固有の人間観に根ざす、解放宣言の一つだが、そこに辿りつくまで、私たちは何と無駄な努力をくりかえしたことか。

『臨済録』口語訳の試みで、私はとにかく祖本の模索を終わるが、問題は無限に残る。当時、天下の孤本とされた南京図書館の本も、成果は大同小異であって、『天聖広灯録』のテキストを出ない。問題は、再びテキストの解釈にかえる。

　臨済が「瞎禿奴」とよびかける、「目前聴法底《ちょうぼうてい》」は、いったい誰であったのか。臨済は「即今聴法底」を、否定もしなければ、肯定もしていないが、有名な「四料簡《りょうけん》」にいうように、否定するとなると徹底否定、肯定すると徹底肯定である。

「四料簡」の一段もまた、『景徳伝灯録』十二では、涿州紙衣《たくしゅうしえ》との問答とし、『天聖広灯録』の涿州剋符章では、剋符との対話となる。紙衣と剋符は同一人にちがいないが、いわゆる臨済の「四料簡」は、本来剋符の総括でなかったか。すくなくとも、「四料簡」は鎮州臨済の説法を、四句分別の型にはめて総括するので、臨済の説法の序文とみてよい。現存するテキストでは、『祖堂集』と『宗鏡録《すぎょうろく》』、『景徳伝灯録』の巻十二、巻二十八を含む、臨済の晩参、もしくは示衆の説法は、『伝灯録』以前にほぼ定着していて、序文の形で楊億が、「四料簡」を巻首においた。

臨済の上堂や説法を筆録したのは、おそらくは三聖《さんしょう》慧然《えねん》であり、説法の方が先に総集されて、涿州の剋符が序を加えたとみてよい。臨済の滅後、河朔三鎮のうちに内乱あり、鎮州臨済院の弟子たちは、早く四散するのでないか。臨済義玄その人も、晩年すでに鎮州を出て、魏府の大覚（存奨《ぞんしょう》）に迎えられるので、その入寂地もまた魏府であろう。三聖慧然が、臨済の示衆に侍したか、どうか。すこぶる問題を残すにしても、晩参示衆の筆録者としては、師の入寂に侍して然るべし。やがて臨済の語録そのものを、この人の編集とする所以である。

問題を「四料簡」にもどす。「四料簡」を臨済の示衆総録の序、もしくは総括とみると、臨済が趙人に迎えられて、鎮州に赴く事情もまた、その中に反映される。これまでの臨済研究は、「四料簡」を独立の示衆とし、臨済の家風を訓もうとして、あえて趙人の請に赴く、臨済の選択を見逃がす。

「四料簡」の第一を、「奪人不奪境」とする。剋府の質問に答えて、臨済は七言二句、次のような詩偈を示す。

煦日発生《くにちほっしょう》して地に鋪《し》く錦、嬰孩《ようがい》垂髪して白きこと糸の如し。

『天聖広灯録』と『人天眼目』に、剋符のコメントがあって、一応の理解はできるが、いま一つよく判らぬ詩偈だが、さいきん諸橋『大漢和辞典』に、「鋪地錦」を武器の名とする、古い訓詁《くんこ》のあるのに気付く。すでに本文に引用するので、今は要点のみをいうと、要するに地下に落し穴を掘って、敵を生け捕りする武具である。

春の光に照らされて、大地が人の目をくらますのに乗じて、地下に作られた落し穴が、黙って通行者を陥れる。「奪人不奪境」の絵解きに、もっとも大切なポイントの一つ。「嬰孩垂髪」もまた、人の眼を奪うのに役立つ。白髪の嬰孩は、奴婢の子である。「奪人」は、先に引く円仁の日記にかさねると、人物を劫奪する方法で、河北社会に特有の戦略である。もともと「四料簡」のテキストに、奪不奪をいうのは、河北の武人社会にかさねて、自家の戦術をのべるので、これにつづく晩参示衆のうちに、「古《いにしえ》よりの先徳は、皆な人を出だす底《てい》の路有り」という、出人の法にぴたりでないか。共に人物を劫奪するので、劫奪は出身の意である。

人も境も、共に臨済独自の語句で、河北社会に密着している。人は言うまでもなく、「目前聴法底」の「瞎禿奴」、境は人についてまわる、評価の基準である。境は翻訳仏典では、六根六境六識という、認識の対象を意味するが、臨済の用法は独自である。くりかえし言うように、「瞎禿奴」は十把一からげで数え、数量がものをいうが、境によって評価を変える。臨済は長い示衆の第一段で、古人の句を引いて、「身《しん》は義に依って立つ、土《ど》は体に拠って論ず」とする。身は人であり、土は境である。詳しくは、本文に注するが、身を奪えば土、土を奪えば身で、仏身も仏土も、要する「目前聴法底」の光影、光影は煦日発生の鋪地錦にすぎぬ。北地の人は、春光に弱い。

「四料簡」の絵解きによって、晩参示衆が読める。臨済は趙人の請に応じ、あえて河北に赴くので、河北は自己の出生地に近いゆえだが、ここにもまた、臨済独自の作戦があった。結論を先に出すと、南泉と潙山にはじまる、「異類中行」の実践である。異類は、異形の人、異民族のことである。『祖堂集』によると、南泉は平生の上堂で、次のように説く。

> 近日、禅師は太《はなは》だ多生、一個《いっこ》の痴鈍底を覓《もと》むるに不可得《ふかとく》なり……。所以《ゆえ》に道《い》う、祖仏は有ることを知らず、狸奴白牯《りぬびゃくこ》却《かえ》って有ることを知ると。何を以て此《かく》の如くなる、他は却《かえ》って如許多般《そこばく》の情無し。所以に喚《よ》んで如々《にょにょ》と作《な》す、早《すで》に是《こ》れ変ぜり、直に須《すべか》らく異類中に（向かって）行く人なるべし。

古来難解をもって鳴るのは、異類の句を理解できないためである。南泉自から「狸奴白牯」というから、異類は要するに家畜であり、家の中にいる猫や水牛のこと。家畜の心が判らぬと、一人前の禅師といえない。祖仏と言われる人々は、むしろそこが判らんという、南泉の告発であるが、何故にそういうことになるのか、いま一つよく理解できない。南泉は末期に示衆し、山下の檀越家の牛に生まれて、今生の債を返すと遺言するので、いわゆる出家僧としての、無為徒食の反省ともとられ、潙山に全く同じ示衆があって、潙仰宗の成立を導く一方、薬山と雲巌によって、曹洞宗が始まるのとも関係するが、いま一つよく判らぬことは同じである。

異類は、もちろん人間とちがう、動物のことをいうのだが、「狸奴白牯」とするまえに、異民族のことでないか。中華意識の強い、このくにの身分史をよむと、外国民族を差別し、異類とすることが多い。とりわけ唐中期以後、漢民族の文化は、再編を余儀なくされる。一方に国粋主義が強まると、一方に政治的な修正が加わる。南泉にはじまる「異類中行」の説法は、もともと嶺南《れいなん》の獦獠《かつろう》と言われた、曹渓恵能の人間像とかかわり、一方で新羅より高麗に移る時期の、海東の禅仏教ともかさなって、「異類中行」の中味は、二転三転するのである。

宋初に新たに士大夫の禅として、臨済禅を再編するに当たって、臨済その人の河北行《ぎょう》化《け》は、すこぶる厄介な課題となる。河北は臨済の出生地で、かれがそこに帰ることに、何の問題もないわけだが、臨済の河北行化は、あまりにも河北の歴史につきすぎる。宋人の修正は先ず趙人の実名を消し、潙山下の居士として知名の、王常侍にすりかえること。半独立国の勢いをもつ、河朔三鎮の自義軍を相手どる、臨済の晩参示衆を、超国家的に潤色し、新しいコメントを加えること。語録の構成そのものを、宋初以来の形式に改めて、南泉の「異類中行」と切りはなすこと。何よりも臨済以後の臨済の宗統を確認し、その正傍を楷定《かいじょう》することで、臨済につぐ迦葉《かしょう》弟子として、興化存奨の評価が変わる。公乗億《こうじょうおく》が興化のために書く碑文（『全唐文』八一三）をふまえると、時代錯誤も甚だしいが、魏府で臨済の荘宗に対し、「皇帝は万代の宝珠、誰か敢えて着価せん」というのは、興化《こうけ》と荘宗（同光帝）の遷化に侍し、その正法眼蔵を伝えるには、皇帝の権威が必要である。興化と荘宗（同光帝）の機縁は、すでに『祖堂集』にとるので、臨済の示寂から百年、すでに臨済禅の宗統が求められて、臨済その人は神隠しとなる。先に引く『宋高僧伝』の短い記録も、すでにそのことと重なる。いずれにしても、臨済は『臨済録』によって、その宗統を新たにするが、はじめは馬祖以後の『四家録』が問われ、後に宋代に降ると、興化以後の宗統が重視される。福州鼓山で刊行される、流布本『臨済録』がその成果である。

この本の特色は、何といっても巻首の序と、巻末に附録される存奨の塔記で、このとき初めて世に出るのである。

序者馬防は、延康殿学士金紫光禄大夫《こうろくたいふ》真定府路の安撫使で、兼ねて馬歩軍の都総管、兼ねて成徳軍の府事を知《ち》すという、長い肩書がついているのに、当の馬防の伝記は、全く不明であった。むしろ肩書がすべてを語るので、士大夫の書としての『臨済録』の価値は、馬防の序によって決定したともいえる。右の長々しい肩書は、すべて北宋代の顕官として、馬防序を押し出すための作為である。臨済が神隠しにあうように、馬防もまた神隠しにあう。

さいきん中嶋敏氏が、『臨済録』の序文撰者馬防の伝を書いて、千古の欠典を補われた。入矢義高訳注『臨済録』(岩波文庫)に、伝記未詳とするのをふまえ、『続資治通鑑長編』や、『宋会要』に記事があるのを、あらためて指摘するのである(『東洋史学論集』続編、二〇〇二年、汲古書院刊)。

手がかりは、元豊六年(一〇八三)の九月壬子、虔州《けんしゅう》贛県《こう》尉であった馬防が賊を捕えた功によって、宣徳郎を与えられたという、『続資治通鑑長編』三九三の記事である。ただそれだけのことだが、後に『臨済録』に序を書く馬防の、波瀾《はらん》に満ちた役人生活の一端を伝えてくれる。

『宋会要』によると馬防は崇寧五年(一一〇六)、遼に使して命を辱《はずか》しめたというので、刑部侍郎を罷《や》め、中奉大夫に降されて、知蘄州《きしゅう》となる。同年すでに大理寺少卿《しょうけい》として、一官を転ずるが、大観二年(一一〇八)正月には、獄空をもって推恩し、秋には刑部侍郎に復し、十二月には、大行皇后の大葬に役がつく。大観四年(一一一〇)、再び遼に使して指を失し、一官を降して知蘄州となり、翌政和元年(一一一一)には、修賢殿修撰知蘇州に復し、以後累進して延康殿学士光禄大夫、政和六年(一一一六)には一官を転じて、すでに経略使となる。さらに宣和六年四月、延康殿学士光禄大夫馬防に贈特進とあって、すでに死去している。

この前後、真定府は遼の版図にあるが、やがて金軍の手に陥ち、金はさらに開封《かいほう》解放に向かう。靖康元年（一一二六）、開封は金軍の手に陥ち、徽宗《きそう》以下宗戚三千余人は、つながれて満州奥地に送られる。

宣和庚子（一一二〇）の『臨済録』重刊は、福州鼓山の円覚宗演《えんがくそうえん》によるが、馬防の序もまたこの人の執筆であるまいか。

いずれにしても、臨済の河北行化を、宋人はすこぶる曖昧化《あいまいか》し、黄竜《おうりょう》恵南《えなん》の黄檗山再興をもって、臨済宗旨を再編する。流布本『臨済録』は、その成果の一つで、馬防の序文もまたその権威だが、さらに重要なのが巻末に附せられる、興化存奨校勘の臨済伝である。臨済義玄の伝記は、このテキストで総括され、その定本を得るに至る。

馬防の序が、すでに出版者の執筆なら、伝記もまた出版者円覚宗演の作品。黄竜以後の『四家本』以外に、テキストのなかった『臨済録』は、『伝灯録』と『広灯録』その他、今や新しい伝記を得る。とりわけ鎮州における臨済の動きは、すでに広漠たる雲煙の彼方にあり、新しい資料は何もなかった。

鎮州に兵革があって、臨済は太尉黙君和に迎えられ、城中に新臨済を構えたというが、黙君和は『太平広記』百九十二にある、墨君和の換骨奪胎で、この人は王紹鼎の孫に当たる王鎔《おうよう》が、燕王李匡威《りきょうい》に攻められて、身命の危機に陥るのを救ったというので、終生官位と奉禄を与えられた人。太尉は武官の最高位だが、五代の藩鎮諸国では、すべて府主・国王にひとしい。ただし、王鎔が即位するのは中和二年（八八二）で、墨君和はこの時十

五、六歳とされるから、臨済の時代に当たるまい。王鎔はむしろ、趙州従諗《じょうしゅうじゅうしん》の帰依者である。

円覚宗演は、趙州との機縁で知られる墨君和を、臨済につなぐのである。さらにまた、臨済は衣を払って南邁し、河府に至って王常侍の礼をうける。王常侍は、潙山下の居士とされる、これまた著名の人物だが、鎮州の大ボス王氏とすりかえて、臨済の河北行化を曖昧化する伏線の一つ。さいごに興化に迎えられて、大名府にくるのは確かで、くりかえしいうように、公乗億の『奨公碑銘』に合するが、ここで三聖と問答したかどうか、なお問題をのこすこととなる。まして大名府の奏によって、ここで慧照《えしょう》禅師の号をうけ、大名府の西北隅に建塔したか、どうか。

むしろ問題は、同時代の現地資料を欠くので、漢民族の危機的な圧迫感が、臨済の宗旨や法統の確認にかさなる。北方胡族の治下に入っても、仏教はむしろ盛大であり、次の元朝治下で、臨済宗は俄かに復活をみることに、宋人は未だ気付いていない。五家とよばれた唐代の禅宗が、宋朝で新たに再編されて、臨済宗旨を生むのであり、わが中世の日本にくる禅宗が、殆んど臨済宗に傾くのも、すこぶる問題を含むのではないか。言ってみれば、これまで日本の禅宗とみられ、現在世界にひろがる禅仏教は、宋代に再編された臨済宗旨のみである。日本の禅宗は、すべて一流相続である。もういちど、宗祖の歴史地理にもどして、生《なま》の説法を復元し、「你目前聴法底」に加わってはどうか。今回の訳注は、そうしたテキストの選択工夫の試みで、おそらくは禅宗史上最初の仕事となる。

さいごに、第二次大戦ののち、あらためて『臨済録』を読みはじめて、過去を清算しようとした私の、個人事情を記しておく。

大戦末期から戦後の数年、私は大谷大学に在籍していた。鈴木大拙の学問にあこがれての事だが、先生は大てい鎌倉にいられて、めったに顔を出されぬ。むしろ毎日のように、曾我量深の真宗学を聴くうちに、いつしか私は真宗学の学徒となる。真宗学とは何か。今もよく判らんのだが、とにかく先生の真宗学は生きていた。親鸞は私だとおっしゃる（私は親鸞でないとも）。不在の大拙よりも、眼の前にみる親鸞の方が、はるかに大きいのである。大拙の禅をよんで感激するのと、一冊の真宗学も読まず、いきなり親鸞に出会うのと、どちらがよいのか、考える暇がなかった。当時なお二十歳である。

曾我先生は教壇に立つと、しばらく瞑目される。静かに帰仰偈を合掌し、ポツリポツリと始まるのだが、俄かに一天一時に輝くように、光顔巍々《ぎぎ》たる説法に変わる。「私の講義は、時間をかけて作ったノートを、ただくりかえし読むのではない、たった今私が聞く、如来廻向《にょらいえこう》の大行である、大行が大信を開く。大行は所行、大信は能信である。念仏法門は、所行能信である。本願成就から、一切の聖教《しょうぎょう》を読む、これが真宗学である」。

二十歳を出たばかりで、何の下準備もない当時の私に、判るはずはないのだが、いまだに昨日のように新鮮なのは、眼々相照して伝わってくる、右の数句である。

以後五十年、意図して真宗学を極めたわけでない。先生の講義録は、すでに幾種も出ていたが、読んで判るものでないし、努力して読んでみる気はなかった。先生もまたその後幾度か、戦後の危機をくぐり、大学の外にある事の方が多いが、やがて逝去されるから、再参の機はなかった。私は自分なりに禅のテキストを読み、中国唐代の禅仏教にのめりこむので、真宗学とは途切れるが、最近になって思い返すと、かつて曾我先生に学んだ通りに、禅を読んでいるではないか。要するに二種廻向《えこう》であり、今までは思いも寄らぬ、還相《げんそう》の深義である。往相の中に還相あり、還相の中に往相がある。一方だけでは、いかんのである。

親鸞の著作は多いが、大切なのは『教行信証』と『歎異抄』。万人の認めるところ、曾我先生もまたくりかえし、はっきりと注意されたようにおもう。どちらか一方に、偏ってはいかんが、すでにテキストとなっている二つの本を読もうとすると、どうしても何れかに偏る。真宗学は、要するに『教行信証』を読むことで、『歎異抄』に偏ってはいかんが、『歎異抄』を読まないと、『教行信証』は読んでも判らん。『歎異抄』は語録であり、唯円《ゆいえん》の聴き書きである。とりわけ、関東の異端をふまえ、その批判が重要。『教行信証』は、親鸞の真撰である。語録は何となしに判るが、著作の方は素人ではダメ、それなりの勉強がいるわけだ。先達の指南が必要で、無手勝流ではいかん。親鸞は先師法然を相手に、『教行信証』を書く。

今度、『臨済録』を読みかえし、その祖本を探ろうとして、頻りに『歎異抄』のことを考えた。一見直ちに判る様に、二つとも語録であり、俗語である。俗弟子を相手に、正法を説くので、俗弟子といっても、声聞《しょうもん》の弟子以上に、本気の弟子たちである。

親鸞は罪せられて越後に赴き、許されても京に帰らず、関東に来て唯円に出会う。関東ラッパとよばれる、俗人である。もし直ちに京に帰れば、出会うことのない弟子である。『歎異抄』が生まれ、『教行信証』が生まれる。『歎異抄』は、後に再編されるのだが、『歎異抄』なくして『教行信証』は生まれぬ。『歎異抄』はその名のように、関東の異義をふまえて、浄土真宗を明らかにするが、『教行信証』は、本師源空を相手に、直下《じきげ》に真宗の要文を明かす。異義なくとも書けるのだが、歴史的地理的にいうと、『教行信証』は関東で初めて生まれる。『歎異抄』は関東に終始するが、唯円は後に京に上ってくる。

『教行信証』は京で完成するが、当初は関東で起草される。今は、細かい腑分《ふわ》けに入らぬ。私は臨済の河北行化と、末後の神隠しのことを考えている。

『臨済録』は、河北三鎮の瞎禿兵を相手に、臨済義玄が説き明かそうとする、祖宗門下の奥義である。河北の瞎禿兵なしに、『臨済録』は生まれ出なかったが、『臨済録』は瞎禿兵のためだけでない、祖宗門下の正法《しょうぼう》を明かす。仏を殺し祖を殺し、五無間《ごむげん》を行《ぎょう》じて、初めて解脱《げだつ》を得んという、きわどい臨済の示衆は、単なる楞伽《りょうが》教学のむしかえしではない。楞伽と唯識は、大愚山で捨てられた。悪人正機《しょうき》の教えは、関東の異端を前に、初めて輝きを発する。『教行信証』のどこを探しても、悪人救済の要文はあるまい。他力廻向の信心のみ。

臨済は河北の瞎禿兵を前に、人境の与奪を説く。瞎禿兵は、あくまでも瞎禿兵である。そのまま救済されることはないが、瞎禿兵でなくなることを、臨済は求めていない。日々五無間業を行ずる瞎禿兵に、正法を説くのである。絶対無条件の、祖宗門下の大事を説く。人を奪い、境を奪わずという、人境の分別は、やはり河北のものである。

流布本の開巻第一におかれる上堂（本書では74ページ）で、臨済は「山僧《さんぞう》今日、事已《じゃ》むことを獲《え》ず、曲げて人情に順《したが》って、方《はじめ》て此《こ》の座に登る」という。「曲げて人情に順」うのは、単なる譲歩、方便のことであるまい。「此の座」も、また然り。次の一句で「若《も》し」というので、単なる人情の座とみられやすいが、「方て此の座に登る」だけで、すでに開口しているわけだ。作家の戦将が直下に陣を展《の》べているので、勝負のことは、大衆が一番よく識っていたはず。

私はこの一段をよむたびに、お聖教《しょうぎょう》というものは、本願成就のところから訓む、それ以外に真宗学はないと言った、曾我量深先生のお顔を想い起こす。流布本『臨済録』の編者が、この一段を開巻劈頭《へきとう》におく、配慮のほどが判るのである。

戦争末期、日本の将来を案ずる弟子に、西田幾多郎《きたろう》は、『臨済録』と『歎異抄』がある、と答えたという。すでに伝説となっているが、二本共に短編で、読むのに時間はいらない。

何度読んでも読み切れぬ、読みの深みを求めるのである。『歎異抄』は日本語ゆえ、日本の読者に親しいが、『臨済録』は漢文ゆえに、今頃はすでに古語である。むしろ古い漢文ゆえに、読み切れぬところが大事。

日本人の古典としての『臨済録』をめざして、私の五十年がかさなる。誰がやっても、これで完全ということはないが、私にとってはもう、もち時間をすぎた。今さらでもないが、これでよいと思う。先に逝った師友にも、手みやげができたように思う。解説よりは、本文と訳註を先に読んでほしい。

近代ヨーロッパの言葉に訳された、次の三種も参照によい。いずれも私たちの仕事をふまえて、それぞれに渾身《こんしん》の努力を尽くされたもので、今は深謝感動にたえぬ。

Paul Demiéville, *Les Entretiens de Lin-tsi*, 1972.
Ruth Fuller Sasaki, Yoshitaka Iriya, *The Recorded Sayings of Ch'an Master Lin-chi*, 1974.
Burton Watson, *The Zen Teachings of Master Lin-chi*, 1993.

二〇〇四年一月

# 関係人物在世年表

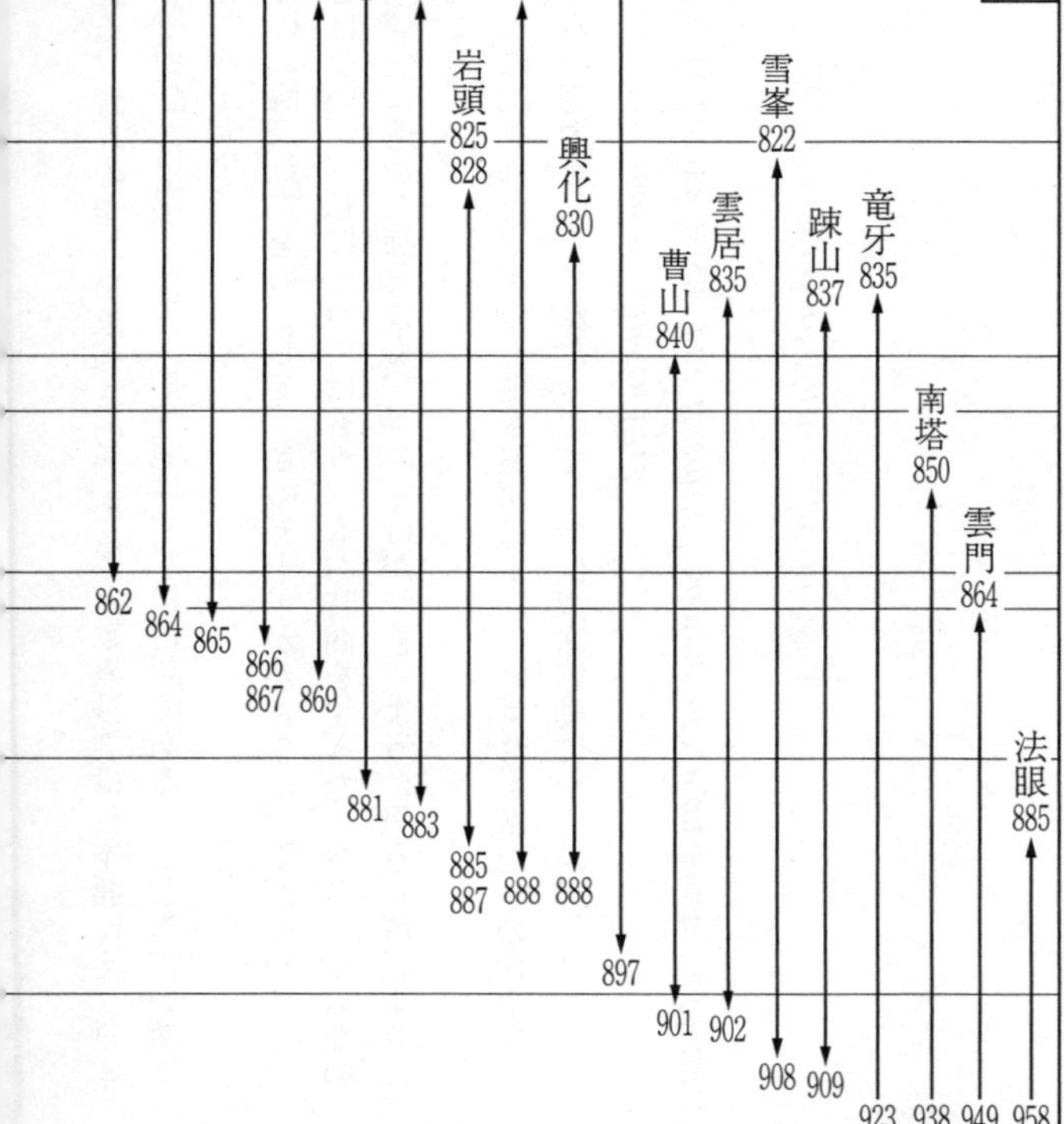
大慈 780
862
徳山 782
865
円仁 794
864
臨済 ?
866
867
洞山 807
869
夾山 805
881
仰山 807
883
岩頭 825
828
885
887
石霜 807
888
興化 830
888
趙州 778
897
曹山 840
901
雲居 835
902
雪峯 822
908
踈山 837
909
竜牙 835
923
南塔 850
938
雲門 864
949
法眼 885
958

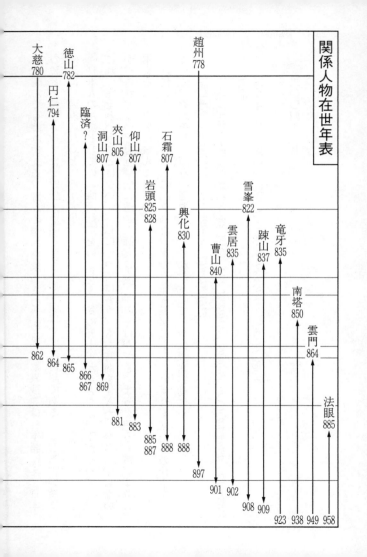

| 馬祖 | 石頭 | 西堂 | 百丈 | 丹霞 | 薬山 | 南泉 | 宗密 | 黄檗 | 潙山 |
|---|---|---|---|---|---|---|---|---|---|
| 709 | 700 | 735 | 720 | 739 | 745<br>751<br>759 | 748 | 780 | ? | 771 |
| 788 | 790 | 814 | 814 | 824 | 828 | 834 | 841 | 850? | 853 |

| 年 | 皇帝 | 年号 | 出来事 |
|---|---|---|---|
| 780 | 9代　徳宗 | 建中1～4<br>興元<br>貞元1～20 | |
| 800 | 10代　順宗 | 永貞 | |
| | 11代　憲宗 | 元和1～15 | |
| 820 | 12代　穆宗 | 長慶1～4 | |
| | 13代　敬宗 | 宝暦1～2 | |
| | 14代　文宗 | 太和1～9<br>開成1～5 | |
| 840 | 15代　武宗 | 会昌1～6 | 会昌の破仏 |
| | 16代　宣宗 | 大中1～13 | |
| 860 | 17代　懿宗 | 咸通1～14 | 龐勛の乱 |
| | 18代　僖宗 | 乾符1～6<br>広明<br>中和1～4<br>光啓1～3<br>文徳、竜紀 | 黄巣の乱<br>黄巣、長安を犯す |
| 900 | 19代　昭宗 | 大順1～2<br>景福1～2<br>乾寧1～4<br>光化1～3<br>天復1～3 | |
| | 20代　哀帝 | 天祐1～3 | |
| | | 開平1～ | |

# 法系図

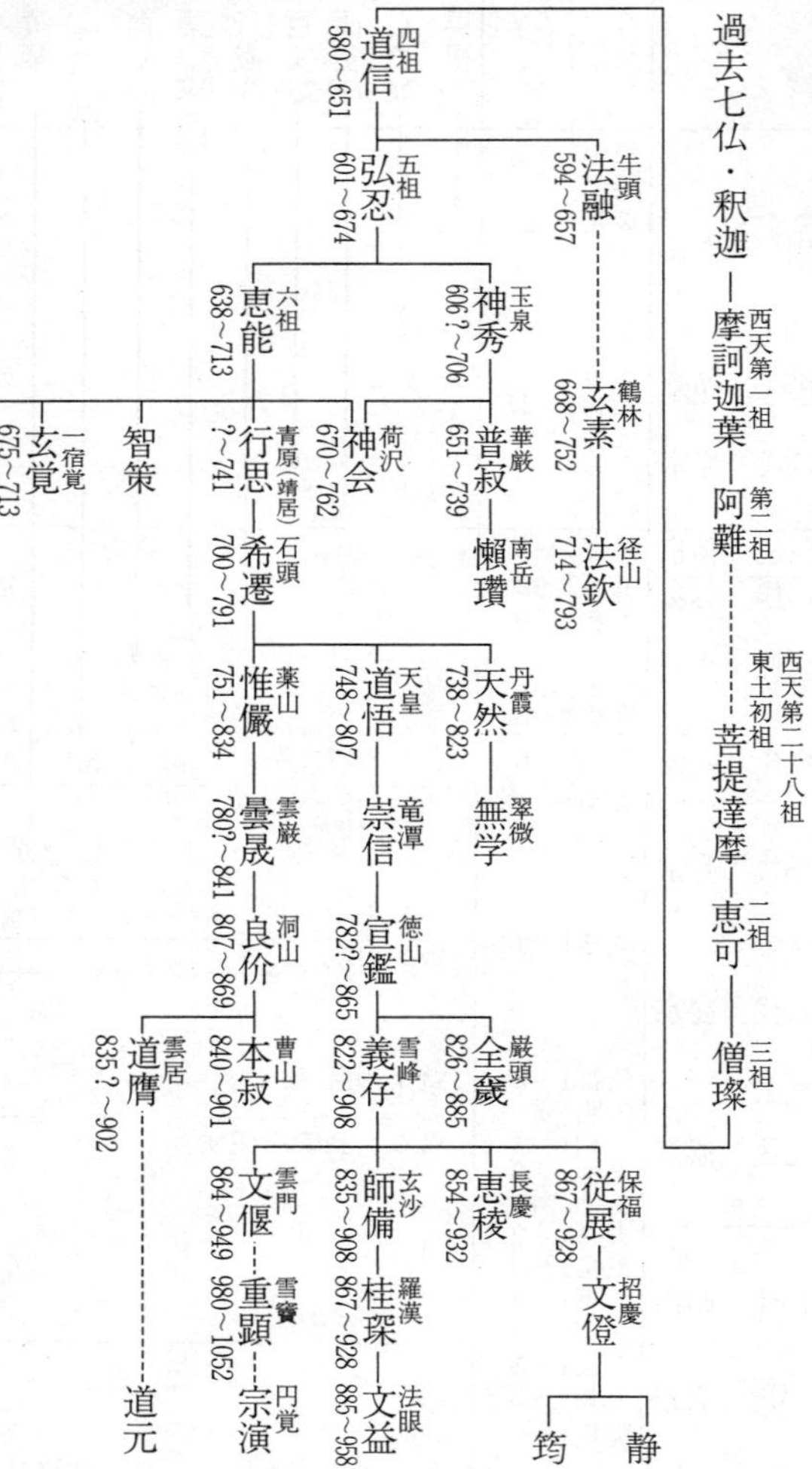

過去七仏・釈迦
西天第一祖 摩訶迦葉
第二祖 阿難
西天第二十八祖 東土初祖 菩提達摩
二祖 恵可
三祖 僧璨
四祖 道信 580～651
五祖 弘忍 601～674
牛頭 法融 594～657
鶴林 玄素 668～752
径山 法欽 714～793
玉泉 神秀 606？～706
華厳 普寂 651～739
南岳 懶瓚
六祖 恵能 638～713
荷沢 神会 670～762
青原（靖居）行思 ？～741
智策
一宿覚 玄覚 675～713
石頭 希遷 700～791
丹霞 天然 738～823
翠微 無学
天皇 道悟 748～807
竜潭 崇信
徳山 宣鑑 782?～865
巌頭 全奯 826～885
雪峰 義存 822～908
保福 従展 867～928
招慶 文僜
静
筠
長慶 恵稜 854～932
玄沙 師備 835～908
羅漢 桂琛 867～928
法眼 文益 885～958
雲門 文偃 864～949
雪竇 重顕 980～1052
円覚 宗演
薬山 惟儼 751～834
雲巌 曇晟 780?～841
洞山 良价 807～869
曹山 本寂 840～901
雲居 道膺 835？～902
道元

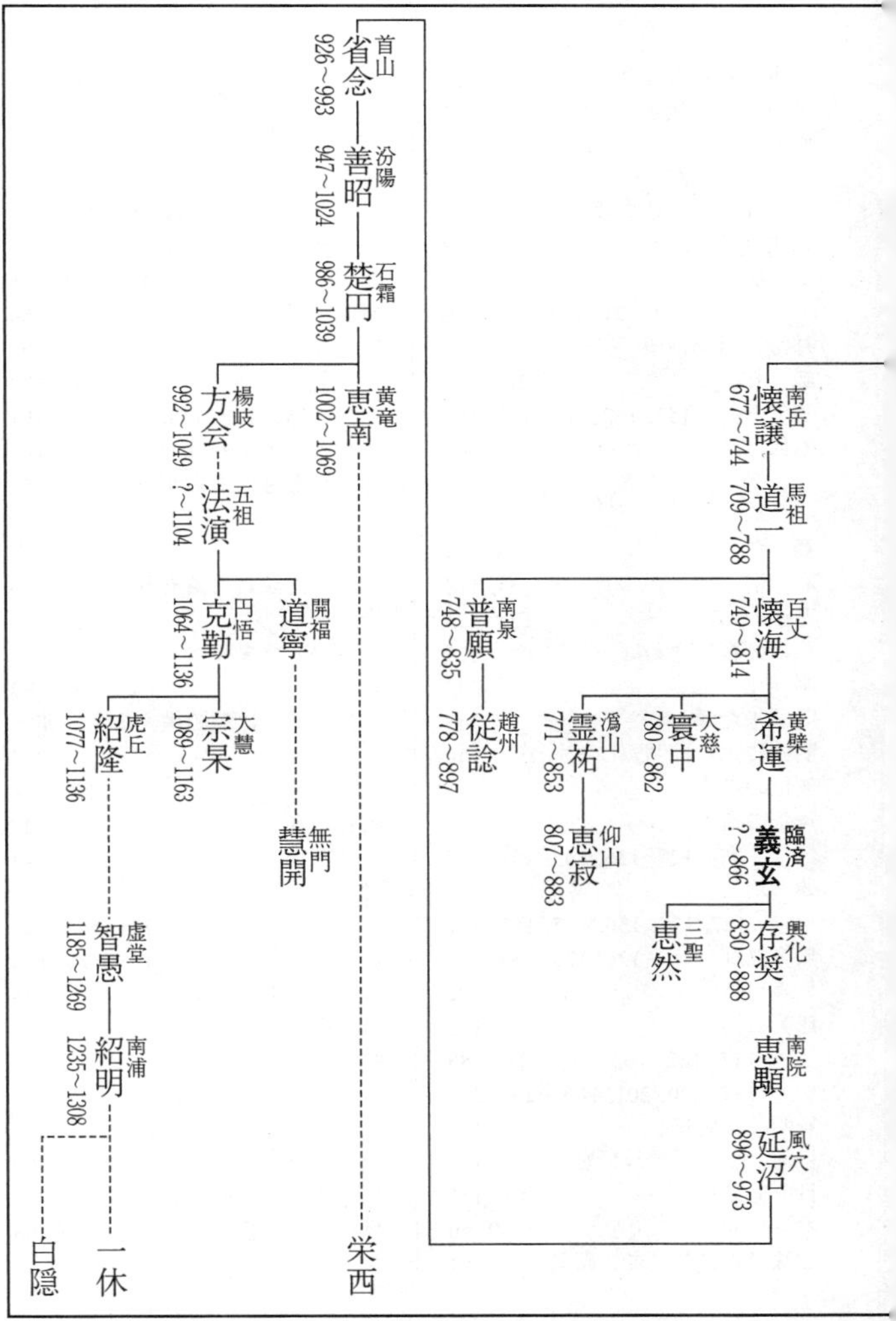
南岳 懐譲 677~744
馬祖 道一 709~788
百丈 懐海 749~814
黄檗 希運
臨済 義玄 ?~866
興化 存奨 830~888
南院 恵顒
風穴 延沼 896~973
三聖 恵然
大慈 寰中 780~862
潙山 霊祐 771~853
仰山 恵寂 807~883
南泉 普願 748~835
趙州 従諗 778~897
首山 省念 926~993
汾陽 善昭 947~1024
石霜 楚円 986~1039
黄竜 恵南 1002~1069
栄西
楊岐 方会 992~1049
五祖 法演 ?~1104
開福 道寧
無門 慧開
円悟 克勤 1064~1136
大慧 宗杲 1089~1163
虎丘 紹隆 1077~1136
虚堂 智愚 1185~1269
南浦 紹明 1235~1308
一休
白隠

## マ　行



## ヤ　行



## ラ　行



## ワ　行

## タ　行



## ナ　行



## ハ　行

# 索　引

## ア　行



## カ　行

『臨済録』二〇〇四年二月　中公クラシックス

中公文庫

臨済録《りんざいろく》

2019年9月25日　初版発行

訳　者　柳《やなぎ》田《だ》 聖《せい》山《ざん》

発行者　松田 陽三

発行所　中央公論新社
〒100-8152　東京都千代田区大手町1-7-1
電話　販売 03-5299-1730　編集 03-5299-1890
URL http://www.chuko.co.jp/

DTP　平面惑星
印　刷　三晃印刷
製　本　小泉製本


Published by CHUOKORON-SHINSHA, INC.
Printed in Japan　ISBN978-4-12-206783-7 C1115

各書目の下段の数字はISBNコードです。978－4－12が省略してあります。

## 中公文庫既刊より

い-25-4
東洋哲学覚書 意識の形而上学 『大乗起信論』の哲学　井筒俊彦
六世紀以後の仏教思想史の流れをかえた『起信論』を東洋的哲学全体の共時論的構造化の為のテクストとして現代的視座から捉え直す。〈解説〉池田晶子
203902-5

な-14-4
仏教の源流――インド　長尾雅人
ブッダの事蹟や教説などを辿るとともに、ブッダの根本教理である縁起の思想から空の哲学を経て、菩薩道の思想の確立へと至る大成過程をあとづける。
203867-7

ひ-19-4
はじめての仏教 その成立と発展　ひろさちや
釈尊の教えから始まり、中央アジア、中国、日本へと伝播しながら、大きく変化を遂げた仏教の歴史と思想を豊富な図版によりわかりやすく分析解説する。
203866-0

お-76-3
仏教人生読本　岡本かの子
愛と憎、悲観と楽観、恋愛、結婚、生死に至るまで、人生の機微に触れながら、仏心をもってしなやかにしたたかに生きる術を伝授。〈解説〉瀬戸内寂聴
206161-3

み-10-20
沢庵　水上勉
江戸初期臨済宗の傑僧、沢庵。『東海和尚紀年録』などの資料を克明にたどりつつ、権力と仏法のはざまで生きた七十三年を描く。〈解説〉祖田浩一
202793-0

み-10-21
一休　水上勉
権力に抗し、教団を捨て、地獄の地平で痛憤の詩をうたい、盲目の森女との愛に惑溺した伝説の人一休の生涯を追跡する。谷崎賞受賞。〈解説〉中野孝次
202853-1

み-10-23
禅とは何か それは達磨から始まった　水上勉
栄西、道元、大燈、関山、一休、正三、沢庵、桃水、白隠、盤珪、良寛の生涯と思想。達磨に始まり日本で独自に発展した歴史を総覧できる名著を初文庫化。
206675-5